詭弁・暴言・論破に打ち勝つ

ロジカル
コミュニケーション

高橋昌一郎 著

フォレスト出版

ニケーション」である。これは、双方が自己主張をぶつけ合い、場合によっては相手を嘲笑したり罵倒したりして、一方が黙り込むと、他方が「はい、論破！」のように勝ち誇るというタイプのコミュニケーションといえる。この種の詭弁・暴言・論破に打ち勝つのが「ロジカルコミュニケーション」である。

とくに、家庭や学校や職場といった生活の中心基盤で、なぜか円滑なコミュニケーションができない、会話そのものが苦手、他者との距離の取り方が難しいなど、コミュニケーションに本質的な問題を抱えている読者には、抜群の効果を期待できるはずである。

本書の読者には、ぜひ「ロジカルコミュニケーション」を理解し実践することによって、人生を劇的に好転していただきたい！

企業が何よりも求める「コミュニケーション能力」

「日本経済団体連合会（経団連）」は、日本を代表する約1500の企業・団体によって構成される日本最大の総合経済団体である。

その経団連が、2001年以降、加盟企業に実施しているのが「新卒採用に関するアンケート」である。このアンケートのなかでも非常に興味深いのが、新卒採用を実施している企業が「新卒者の選考にあたって特に重視した点」として20項目の選択肢から5項目を選んだ回答のリストである。

「2019年度新卒採用に関するアンケート調査報告」によると、その第1位は「コミュニケーション能力」であり、この結果は17年連続で変化がない。つまり、日本を代表する多くの企業が大学の新卒採用者に何よりも求めているのは「コミュニケーション能力」なのである！

2019年に過去10年間の項目別平均値を「就活ウイナビ」が計算した結果は、次ページのようになっている。

このリストにある1位から5位の順位は、10年以上にわたって不動である。なかでも突出してパーセンテージの高い「コミュニケーション能力（83%）」「主体性（62%）」「チャレンジ精神（51%）」を見ると、日本を代表する多くの

はじめに

『ロジカルコミュニケーション』の目的

　読者は、他者とコミュニケーションをとることが得意だろうか、あるいはあまり得意ではないだろうか？

　少し質問を変えよう。読者は、他者とコミュニケーションをとることが楽しいだろうか、あるいはあまり楽しくはないだろうか？

　もちろん、その答は「他者」が誰かによっても変わってくるだろう。相手が気心の知れた家族や友人なのか、緊張を強いられる職場の上司や初対面の人物なのかなどによって、コミュニケーションの難易度が格段に変化するのは当然である。

　ここで、たとえば最近の過去1カ月を振り返ってみてほしい。読者は、その間に数多くの人々とさまざまなコミュニケーションをとってきたに違いない。家庭、学校や職場の身近な人々はもちろん、カフェやコンビニの店員、病院の医師や看護師……。たとえ直接会話を交わさずとも、メールやチャット、SNSへの投稿や返信などで、必ず何らかの他者と何らかのコミュニケーションをとってきたはずである。

　それらのコミュニケーションは、双方で一定の相互理解に達して、愉快に終わっただろうか、あるいは相互理解には程遠く、不愉快に終わってしまっただろうか？

　そこで「不愉快なコミュニケーションがあった」とお答えの読者には、ぜひ本書『ロジカルコミュニケーション』を読んでいただきたい。

　なぜコミュニケーションが気持ちのよい相互理解に至らずに終わってしまうのか、その根本的な原因と対策が見えてくるはずである。

　残念ながら、現代の日本で主流になっているのは「相手を黙らせるコミュ

■ 経団連の調査結果10年分から見えてくる大企業の新卒評価のポイント

1位	コミュニケーション能力(83%)	11位	リーダーシップ(17%)
2位	主体性(62%)	12位	柔軟性(15%)
3位	チャレンジ精神(51%)	13位	専門性(14%)
4位	協調性(49%)	14位	創造性(13%)
5位	誠実性(41%)	15位	信頼性(13%)
6位	ストレス耐性(35%)	16位	一般常識(8%)
7位	責任感(26%)	17位	語学力(6%)
8位	論理性(24%)	18位	学業成績(5%)
9位	課題解決力(20%)	19位	その他(4%)
10位	ポテンシャル(19%)	20位	留学経験(1%)

出典:「就活ウイナビ」(https://www.winavi.jp/column/1009/)

企業が、「コミュニケーション能力に優れ、主体的に仕事にチャレンジする人材」を求めていることがわかる(なお2020年以降のアンケートについては、コロナ禍の影響により質問仕様が改訂されたため、ここでは触れない)。

「ロジカルコミュニケーション」の教育

　私は、アメリカの大学と大学院に進学し、日本の大学で研究を続けて、アメリカの大学の専任講師となった。
　アメリカの大学の教室では、前列から埋まっていくのが普通である。最前列には、とくに積極的で優秀な学生が何人か陣取り、こちらが講義をしている最中でも、何らかの疑問を感じると、即座に手を挙げて質問してくる。
　基本的に、アメリカの多くの学生たちは、小学校から円卓のテーブルに座っ

てディスカッションする形式の授業を受けている。彼らは、そこでコミュニケーションのマナーを学び、テーマに沿って賛成論と反対論をディベートし、他者との意見の相違から自分の意見を発展させ、結果的に自己を成長させる方法を修得している。

　読者がアメリカに旅行すると、それが観光名所であろうとターミナル駅であろうと、あるいはレストランであろうとコンビニであろうと、多くのアメリカ人が積極的に話しかけてくることに気づくだろう。彼らは、少しでも自分たちが知らない他者と触れ合い、コミュニケーションをとることによって相互理解を深め、自己を成長させようとする。そうするように、幼児期から教育されているわけである。

　アメリカから帰国した私は、日本の大学の教授になった。日本の大学生は、アメリカの大学生と違って、実に大人しい。日本の多くの学生たちは、小学校から高校まで、生徒全員が先生と黒板を見ながら授業を受けるという一方向の授業形態に慣らされている。ディスカッション形式の授業はあっても非常に少なく、授業といえば黙って教授の話を聴いてノートを取るものだと思っているのが普通である。

　ところが、大学3年次に始まる就職活動では、多くの企業が何よりも「コミュニケーション能力」を求めていることを知って、彼らはビックリ仰天する。小学校から大学まで、誰からも一度も教えられたことのない「コミュニケーション能力」が、就職には何よりも重要になるという奇妙な矛盾が、突然、彼らの目の前に突き付けられるわけである。

　実際には、要領がよく、早くから一流企業への就職を目指しているような意識の高い学生であればあるほど、早い段階から企業のインターンシップに積極的に参加し、サークル活動や接客アルバイトなどを優先させて「コミュニケーション能力」を磨いている。残念ながら、彼らにとっては、むしろ大学の授業の方が邪魔になってしまうのである。

　私が大学でゼミや演習を担当し、卒業論文を指導するようになると、卒業後の就職や将来に関する相談に来る学生が増えてきた。私は専任校に加えて、首都圏の12の国立・私立大学で兼任・非常勤講師を務めてきたが、偏差値

レベルや専攻分野にかかわらず、どの大学のどの学部の学生も同じように「コミュニケーション能力」をいかにして高めるか、非常に苦慮し悩んでいることを知った。

そもそも「コミュニケーション」の根底にあるのは「他者理解」つまり自分以外の人々の考え方や生き方をどのように理解するのかというテーマである。そこで重要になるのは、意見が違うという結論ではなく、なぜ意見が違ってくるのか、その理由を検討することであり、その際に求められるのが「論理的思考」である。

というわけで、私は「論理的思考」に基づく「ロジカルコミュニケーション」のディスカッション・ディベート方法を開発し、大学で担当する科目では、たとえそれが500名を超える大人数講義科目であっても、マイクを使って可能な限りディスカッション・ディベート方式で学生の意見を重視するようにした。

ゼミや少人数の演習科目では、学生のグループ・ディスカッションやプレゼンテーションを中心に、さまざまな社会的・哲学的問題を提起し、多彩な論点を浮かび上がらせて、賛否両論の価値観を見極める「ロジカルコミュニケーション」を徹底的に実践した。その結果、私のゼミからは、毎年ほとんどの学生が、当初の志望をはるかに超えるすばらしい企業に就職できるようになった。

本書の構成

本書には、私が30年以上にわたって推進してきた「ロジカルコミュニケーション」のエッセンスをすべて盛り込んである。

必ずしも最初から順を追って読み進める必要はないので、気になるセクションから好きなように読み飛ばしてほしい。不明な言葉があれば前に戻って確認し、何度も前後左右を読み返しながら、事典のように読み込んでいただきたい。

結果的に、いつの間にか「論理的思考」と「ロジカルコミュニケーション」

が身に付いていくように工夫してあるつもりである。ぜひそのエッセンスを読者の人生にお役立ていただければ幸いである。

　本書は、第1章：基礎、第2章：応用、第3章：論証、第4章：パラドックス、第5章：ジレンマの全5章で構成されている。

「第1章：基礎」では「論理的思考」と「コミュニケーション」の基礎を解説する。ここでは「ロジカルコミュニケーション」に必要な最低限度の「マナー」を身に付けていただきたい。

「第2章：応用」では「記号」を用いて「論理的思考」の本質を解説する。「＋・―・×・÷」の意味がわからないと「算数」を理解できないように、「¬・∧・∨・⇒・⇔」といった「論理記号」を理解できないと、論理学の圧倒的な有効性に到達できないからである。

　どうしても「記号」が苦手な読者のためには「論理記号」に対応する「説明」を併記してあるので、そちらを読み進めていただきたい。

「第3章：論証」では、「論理的思考」で最も重要になる「妥当性」に着目しながら、アリストテレス以降のさまざまな「論証」形式を修得する。ここで正統な論理学の流れを実感しながら、最終的には、パズルを用いて、論理学界の「ランドマーク」と呼ばれる「不完全性定理」まで理解できる仕組みになっている。

「第4章：パラドックス」では、古典的論争やパラドックスを「論理的思考」を用いて考察するとどうなるか、その驚異的なおもしろさに触れていただく。

「第5章：ジレンマ」では、現実に解決困難な社会的ジレンマに関する議論を取り上げた。ぜひ読者にも一緒に「ロジカルコミュニケーション」を用いて考える楽しさを味わっていただきたい。

「参考文献」には、入手しやすくわかりやすい書籍を中心に挙げておいたので、ご参照いただけたら幸いである。

「索引」には、いつでも即座に参照できるように、重要語句を挙げておいた。

　改めて、本書の読者には、「ロジカルコミュニケーション」を理解し実践することによって、人生を劇的に好転していただきたい！

詭弁・暴言・論破に打ち勝つロジカルコミュニケーション　もくじ

はじめに ... 3

第1章 論理的に考えて、うまく伝えるには？ 基礎

- コミュニケーション能力 ... 16
- 愛の三角関係 ... 20
- 多種多彩なアドバイス ... 22
- 状況の図式化 ... 26
- すべての条件を満たす方法 ... 29
- 三角関係の組み合わせ ... 31
- 論理的思考 ... 34
- バランス理論 ... 36
- 価値観 ... 38
- 賛否両論 ... 40
- 論点のすりかえ ... 42
- 対人論法 ... 43
- トーン・ポリシング ... 45
- お前だって論法 ... 47
- お前だったら論法 ... 50
- 衆人に訴える論法 ... 52
- 感情に訴える論法 ... 54
- 信仰に訴える論法 ... 55

- □ 権威に訴える論法 ……………………………… 57
- □ 藁人形論法 …………………………………… 59
- □ 赤いニシン論法 ………………………………… 61
- □ 非言語コミュニケーション …………………… 63
- □ いかにして問題をとくか ……………………… 66

第2章 詐欺に騙されないためには？ 応用

- □ 白黒論法 ……………………………………… 70
- □ 命題 …………………………………………… 75
- □ 排中律 ………………………………………… 77
- □ 二分法の詐欺 …………………………………… 80
- □ 株式コンサルタントの詐欺 …………………… 82
- □ 「宝くじ」は「ほとんど詐欺」 ……………… 85
- □ 否定「Pではない」（¬P） …………………… 88
- □ 連言「PかつQ」（P∧Q） …………………… 90
- □ 選言「PまたはQ」（P∨Q） ………………… 95
- □ ド・モルガンの法則 …………………………… 99
- □ 条件「もしPならばQ」（P⇒Q） …………… 101
- □ 逆・裏・対偶 ………………………………… 106
- □ 同値「Pのときに限ってQ」（P⇔Q） ……… 109
- □ トートロジー ………………………………… 110
- □ 矛盾 …………………………………………… 112
- □ 完全真理表 …………………………………… 113

第 3 章　筋道立てて、証明するには？　[論証]

- モダス・ポネンス ……………………………………………… 116
- モダス・トレンス ……………………………………………… 118
- 後件肯定虚偽 …………………………………………………… 120
- 前件否定虚偽 …………………………………………………… 122
- 仮言三段論法 …………………………………………………… 125
- 選言三段論法 …………………………………………………… 127
- 加法 ……………………………………………………………… 128
- 単純化 …………………………………………………………… 129
- 乗法 ……………………………………………………………… 130
- 構成的ジレンマ ………………………………………………… 131
- 矛盾の証明 ……………………………………………………… 134
- ナイトとネイブのパズル1 …………………………………… 136
- ナイトとネイブのパズル2 …………………………………… 138
- ナイトとネイブのパズル3 …………………………………… 140
- ナイトとネイブのパズル4 …………………………………… 142
- ナイトとネイブのパズル5 …………………………………… 144
- ゲーデルの不完全性定理 ……………………………………… 147
- ナイト・クラブとネイブ・クラブのパズル ………………… 148
- ゲーデルの証明 ………………………………………………… 150
- ゲーデルの証明の意味 ………………………………………… 154
- 不完全性定理のアナロジー …………………………………… 158

第4章 論理を突き詰めるとどうなる？
パラドックス

- 全能のパラドックス ……………………………………… 162
- 宇宙論的証明 …………………………………………… 164
- 存在論的証明 …………………………………………… 166
- 目的論的証明 …………………………………………… 171
- ワニのパズル …………………………………………… 175
- 自己言及のパラドックス ………………………………… 177
- 相互言及のパラドックス ………………………………… 179
- 自意識のパラドックス …………………………………… 182
- 双子のパズル …………………………………………… 184
- 言語理解のパラドックス ………………………………… 187
- ドル・オークション ……………………………………… 189
- チキン・ゲーム ………………………………………… 191
- 無限循環のパラドックス ………………………………… 193

第5章 世の中の難問に、どう答える？
ジレンマ

- 志願者のジレンマ ……………………………………… 196
- 腐ったリンゴ仮説 ……………………………………… 199
- 囚人のジレンマ ………………………………………… 201
- ナッシュ均衡 …………………………………………… 203

- □ ゲーム理論 —— 206
- □ プレゼント・ゲーム —— 208
- □ 新たなプレゼント・ゲーム —— 213
- □ 社会的ジレンマ国際学会 —— 218
- □ 評論家の論法 —— 221
- □ 非論理に陥った科学者 —— 226
- □ ノーベル病 —— 230
- □ 演繹と帰納 —— 234
- □ 述語論理 —— 236
- □ 一発帰納 —— 240
- □ 科学と帰納法 —— 243
- □ 反証主義 —— 246

おわりに —— 249
参考文献 —— 251
索引 —— 255

ブックデザイン	山之口正和＋中島弥生子＋高橋さくら（OKIKATA）
イラスト・図版作成	シル図案室
DTP	フォレスト出版編集部

第 1 章

論理的に考えて、うまく伝えるには？

基礎

コミュニケーション能力

Communication Competence

「厚生労働省」と「経済産業省」による定義

「厚生労働省」は、日本の企業が求める「就職基礎能力」を実態調査した結果、「コミュニケーション能力」を次の3つの能力の組み合わせとして定義している。

① **意思疎通**（自己主張と傾聴のバランスを取りながら効果的に意思疎通ができる）
② **協調性**（双方の主張の調整を図り調和を図ることができる）
③ **自己表現力**（状況にあった訴求力のあるプレゼンができる）

「経済産業省」は、日本の企業が求める「社会人基礎能力」を実態調査した結果、「コミュニケーション能力」を広義の「チームで働く力（チームワーク）」とみなし、その能力を次の6つの能力の組み合わせとして定義している。

① **発信力**（自分の意見をわかりやすく伝える力）
例：自分の意見をわかりやすく整理した上で、相手に理解してもらうように的確に伝える。

② **傾聴力**（相手の意見を丁寧に聴く力）
例：相手の話しやすい環境をつくり、適切なタイミングで質問するなど相手の意見を引き出す。

③ **柔軟性**（意見の違いや立場の違いを理解する力）
例：自分のルールややり方に固執するのではなく、相手の意見や立場を尊重し理解する。

④ **情況把握力**（自分と周囲の人々や物事との関係性を理解する力）
例：チームで仕事をするとき、自分がどのような役割を果たすべきかを理解する。

⑤ **規律性**（社会のルールや人との約束を守る力）
例：個々の職業倫理に照らし、自らの発言や行動を適切に律する。

⑥ **ストレスコントロール力**（ストレスの発生源に対応する力）
例：ストレスを感じることがあっても、成長の機会だとポジティブに捉えて肩の力を抜いて対応する。

　要するに、日本で就職して社会人として生きていくために、「厚生労働省」は「意思疎通・協調性・自己表現力」、「経済産業省」は「発信力・傾聴力・柔軟性・情況把握力・規律性・ストレスコントロール力」が必要不可欠だと述べているわけである。
　「経団連」の加盟企業が、これらの総体としての「コミュニケーション能力」を最優先していることは、すでに述べたとおりである。その「経団連」に大きな影響を及ぼす日本政府の官僚機構が、国民の「コミュニケーション能力」向上を何よりも優先していることが、この事例からも具体的におわかりいただけると思う。

学問的定義

　学問の世界で一般に「コミュニケーション能力」といえば、1980年にオ

ンタリオ大学の言語学者マイケル・カナルとメリル・スウェインが導いた次の4つの要因で定義されるのが普通である。

① **文法能力**（Grammatical Competence）
② **社会言語能力**（Sociolinguistic Competence）
③ **談話能力**（Discourse Competence）
④ **方略能力**（Strategic Competence）

　日本語の**「文法能力」とは、文法規則に沿って日本語を正しく組み立て、理解することのできる能力**を指す。語彙（ごい）や文型の知識、発音と聞き取りの運用能力も含めて、いわゆる文法的に正確な日本語を読み書き、聞き話すことができるということである。
　「社会言語能力」は、日本文化に適した日本語使用ができることを指す。相手との社会的関係や会話の文脈に即して、適切に言語を運用する能力である。いわゆる「敬語」も含めて、いつ誰に対して、どのような言葉遣いをするのが適切か、逆に、いかなる状況でどのような表現がタブーなのかを理解していることも必要になる。
　「談話能力」は、いわゆる「世間話」の「談話」ができることだが、これが簡単そうで難しい。いかなる状況で、どんな話題を、どのように話し始めて話し終えるかを把握し、相手と適切な距離を取りながら、話の流れを止めずに日本語で会話を続けられるということである。
　人工知能の研究者から、ロボットに「談話」をさせるのが非常に難しいという話を聞いたことがある。人間同士の談話というのは、何となく話しているようで、実際には一種のまとまりが生じ、「談話」をスムーズに終えた後には、双方が一定の相互理解に達することによって、爽快（そうかい）な達成感を抱くことができる。この「愉快なコミュニケーション」の共有感覚をロボットに抱かせるのが困難だというわけである。
　さらに難しいのが「方略能力」である。これは「談話」がうまくいかない場合、どこに問題があるのかを認識し、うまく言葉が見つからなければ、別

の言葉に言い換えたり、場合によってはジェスチャーを用いて表現できたりすることを指す。相手の言うことが理解できない場合は、相手が言語化していない部分を推測し、場合によっては言葉を補って、うまく双方のコミュニケーションを修復するような能力も含まれる。

　本書の読者に目指していただきたいのは、これらの4つの要因を満たす「ロジカルコミュニケーション」である。

　ちなみに「ロジカルコミュニケーション」と「ダメなコミュニケーション」を比較すると、次のような特徴が見られる。

ロジカルコミュニケーション	vs	ダメなコミュニケーション
会話のキャッチボールができる		会話のキャッチボールができない
話が噛み合っている		話が噛み合わない
最後まで話を傾聴する		話している相手を遮る
相手を理解しようとする		相手を理解しようとしない
相手が話したくなる		相手を黙らせる
共通の話題を話す		一方的な話題を話す
平等なスタンス		上から目線
論点を明確に言語化する		論点をそらす
状況を整理する		状況を混乱させる
自分の価値観が見えてくる		自分の価値観を押し付ける
話の筋道を明らかにする		話の筋道が支離滅裂に飛ぶ
しっかり相槌してくれる		相槌がなく話を聞いているか不明
笑顔で話す		不機嫌な顔つきで話す
期待以上に反応が返ってくる		期待した反応が返ってこない
話題を広げてくれる		話題が狭く偏っている
気を使わないで話せる		気を使わないと話せない
テンポよく話せる		話のテンポが合わない
相手を肯定する		相手を否定する
アイコンタクトが豊富		アイコンタクトが少ない
態度や仕草は冷静		態度や仕草で不快感を示す
双方向的な会話		一方向的な会話
他者を誹謗中傷しない		他者を誹謗中傷する
共感しようとする		共感してくれない
ユーモアがある		ユーモアがない
もっと話したくなる		もう話したくなくなる
愉快なコミュニケーション		不愉快なコミュニケーション

愛の三角関係

Love Triangle

ある学生の相談

「論理的思考」とは、思考の筋道を整理して明らかにすることであり、むしろ発想の幅を広げ、それまで気がつかなかった新たな論点の発見につなげる思考法である。

　ここではその思考法を味わっていただくために、具体的な問題を考えていただきたい。

　ある日、学生Xが大学の研究室に来て、相談があると言った。それは、次のような内容だった。

　この男子学生は、大学入学当初から同じ学部の女子学生Jと交際していて、もうすぐ2年目を迎える。Jは性格的に優しくかわいらしい女性で、真面目なXと似合いのカップルだと周囲からも言われている。

　Jと中高一貫校時代から7年以上になる親友Kは、どちらかというとクールな美人タイプで、彼女もやはり同じ学部に所属している。Xには、そのように中学時代から一緒に進学してきた同性の親友がいないので、JとKの友情を非常に好ましく思っている。

　大学では、JとKが一緒にいることが多く、その流れで自然とXと3人で食事をしたり遊びに行ったりするが、もちろんKは、XとJが交際していることを知っているので、しばらくすると気を利かせて先に帰ることが多い。Kは国際線のフライトアテンダントを目指していて、英会話スクールなどにも通って忙しく、特定の彼氏はいないらしい。

　さて、実はXは、このKに恋してしまったのである。3人で会った後など、以前のXはJと2人きりになれてうれしかったが、今では逆に、がっかりとした気持ちを心中に隠している。すでに半年程前から、Jと一緒にいても、Kの残像に悩まされているというのである。
　そこでXの相談というのは、次のようなものだった。
「このままでいても、苦しいばかりです。やはり僕は、思い切ってKに告白すべきでしょうか？　しかし、今でもJのことも嫌いではないのです。それに、JとKの友情を傷つけたくもないし……。このような場合、どのような行動を取るのが論理的なのでしょうか？」
　さて、読者がこの相談を受けたとしたら、Xにどのようにアドバイスするだろうか？

多種多彩なアドバイス

A Wide Variety of Advice

[ゼミの飲み会

　ここでは「愛の三角関係」の相談に寄せられた「多種多彩なアドバイス」を紹介しよう。読者のお考えになったアドバイスも、この中にあるかもしれない。

　ゼミの飲み会で学生の相談を説明し、どうすればよいと思うか尋ねてみたところ、4年生たちは次のように答えた。

　ある男子学生は、次のように言った。

「僕がXだったら、Kには何も言いませんね。だって、下手に告白したら、全員が気まずくなるかもしれないでしょう？　男にはよくあることですが、一時的な気の迷いというか、隣の芝生が青く見える程度で終わる話かもしれないし、ともかくXは、冷静になって考え直すべきだと思いますね」

　すると、別の男子学生が、「いやいや、やはりXは、思い切ってKに告白すべきだと思う」と言った。

「とにかく、Kの気持ちを確かめない限り、何も先に進まないじゃないか。それでXがKからフラれたら、気持ちがふっ切れて、もう一度Jと仲良くやっていけばいいだろうし……」

「でも、そこでKも実はXが好きでしたとなったら、どうするつもりなの？」と、女子学生が尋ねた。

「そうなれば、もちろんXとKがハッピーに付き合っていけばいいじゃないか！　これはJにとっては悲しい結果かもしれないけど、Kは彼女の親友だ

ろう？　だったらJは、潔くXのことをあきらめて、元カレと親友の新たな門出を祝福してあげればいいだろう？」と男子学生が答えた途端、「そんなこと、ありえない！」と女子学生から多くの声が上がった。

　別の女子学生は、憤慨して言った。
「何なんですか、その男は？　そもそも、そんな浮わついた気持ちの人間に恋をする資格などありません。第一、Jに対して失礼じゃありませんか、目の前にJがいるのに、頭の中ではKのことを考えているなんて！　それにJとKの友情を傷つけたくないというのも偽善的だし……」

　他の女子学生たちが、大きく頷いている。
「Xは、まずJに自分の気持ちを正直に打ち明けて、Jと別れるべきです。その後で、Kに告白したければ、勝手にすればいい。でも私がKだったら、こんな信頼に値しない男とは付き合いませんね。つまりJもKも、Xから離れればよいのです。Xのような男は、少し痛い目を見るべきだと思います」

　リクルートスーツ姿の女子学生が言った。
「実は私、似たような経験があります。私の友達の彼氏が、もしかして私に気があるのかなと思ったことがあって……。それで私は、2人の邪魔にならないように、その彼氏とは顔を合わせないようにしました。きっとKも、Xの気持ちには気づいているんじゃないかしら……。そんなにXの気持ちがエスカレートする前に、Kが空気を読んで、XとJの前から立ち去ればよかったのに……」

　すると、パンクシャツを着た男子学生が大声で言った。
「なんで皆、そんなにネガティブなんだ？　XはJのこともKのことも好きなんだから、いっそのこと、XもJもKも3人で一緒に愛し合えばいいんだよ。これが人間の自然な欲求じゃないか……」

　この発言は、「そんなのムリ」という轟々たる非難を浴びて、その後の飲み会は、収拾がつかなくなった。

学生たちのアドバイス

　これまでに幾つかの大学の学生に質問してきたところ、XはKに告白すべきだという意見は3分の1程度と少なく、告白すべきでないという意見が3分の2程度と多かった。やはりこれは、人間関係にできるかぎり波風を立てたくないという最近の若者の風潮を表しているのだろうか。
　ちなみに、現実問題として、Kは大学では基本的にいつでも親友のJと一緒にいるわけだから、XがKに告白するといっても、Kだけを呼び出すことさえ容易ではないはずである。
　ところが、ある学生は「いやいや、XがJにバレずにKだけをうまく呼び出す方法があります」と言った。
　それは「Jの誕生日にサプライズでプレゼントしたいから、Jの衣服や化粧品の好みをよく知るKに買い物に付き合ってほしいと頼めばよいのです」というわけである。
　買い物が終わったら、お礼をしたいからとKを雰囲気のよいフレンチレストランに連れていき、ワインを飲みながら告白する。もしKがXの誘いに乗ってくれば、その時点で「二股（ふたまた）」が成立する。その場合、Kは親友のJを裏切ったとは誰にも言えないはずだから、その後もXは二股を続けられるはずである。一方、もしKが誘いを断ったら、「ワインで酔ったみたいで変なこと言ってゴメン。Jには黙っておいて」と頼めばよいというのである。
　別の学生は「そんなまどろっこしいことをしないで、Xは男らしく、JとKの目の前で正直にKのことが好きになったと言えばいいじゃないか」と言った。周囲が「エー、それだと修羅場になるでしょ！」と言うと、彼は「それでいい。おそらくJとKは怒って席を立ち、Xは一人ぼっちになるだろう。それで半年も続いているモヤモヤから解放されるんだから、スッキリできるじゃないか」と言いながら、自分で頷（うなず）いている。
　どちらかというと、男子学生からよく出てくる意見は、「そもそもJという彼女がいるだけでもありがたいことなのに、そのうえKに目移りすると

Xが取るべき行動はどっち!?

「XはKに告白しろ」派

- フラレたらふっ切れて、再びJと仲良くなれる。
- Kが告白を受け入れればハッピー。Jはあきらめるしかない。
- XはJと別れたあとにKに告白すべき。
- Kが告白を受け入れれば、二股で交際できる。
- X、J、Kの3人で愛し合うべき。
- JとKの2人の前で告白すべき。
  関係は破綻するが、モヤモヤは解消するはず。

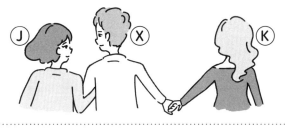

「Xは何もするな」派

- 一時的な気の迷いかも。
- 浮気心を持った時点でありえない。
- Kが空気を読んでXとJから離れるべき
- Xは修行の旅に出るべき。
- XはJとKから離れて、風俗へ行って落ち着くべき。

は、許せません。僕ならXに修行の旅に出ろと言ってやりますね」というタイプである。「旅」の代わりに「学問」や「バイト」など、要するに何かに没頭して、Kのことは忘れろという趣旨である。

「今のXの脳内は、JとKとの三角関係で一杯になっていますね。だから、2人から距離を置くとか、会う間隔を空けるというアイディアもわかりますが、僕だったらXに『風俗』に行けと勧めます。世の中には、こんなにさまざまな女性がいるということを知れば、思い詰めている精神状態も落ち着いてくるはずです」という意見もあった。

状況の図式化

Diagramming the Situation

東大生の論理

　実は、東京大学で「記号論理学」の授業を担当していた際、「愛の三角関係」の相談についてクラスで話したことがある。

　東大生の反応は、想定していた以上に大喜びだった！　理系の学生から「JとKって自然数の省略なんですか」という質問が出たので、「違う、違う。Jはジュンコで、Kはケイコ。ちなみにXはテツオなんだ」と答えると、クラスはドッと笑った（ただし、これらも実名ではない）。

　さて、東大生のクラスで挙手を求めると、XはKに告白すべきだという意見が約3分の1、告白すべきでないという意見が約3分の1、そのどちらにも直接的には当てはまらない意見が約3分の1という具合に、きれいに3等分された。とくに、その第3の意見には、個性的なものが多かった。
「僕だったら、Xの代わりにKに告白してやると言ってKのところに行って、Kを奪い取ります。なにしろ僕は、クールなお姉系が好きなもんですから」とか「僕だったらXと一緒になって、JとKと4人で付き合ってみたいですね」とか「Xには、JのこともKのことも忘れて、オレと男同士で付き合おうと言います」など……。
「人道的か非人道的かを問わなければ、『源氏物語』のようにKの親戚の少女を引き取って自分好みに育てればよい」とか、夏目漱石の『こころ』のような意味で「Xは自殺すべきだ」という意見もあった。その趣旨はともかく、このような文学作品を即座に連想できること自体、教養の幅広さを示してい

るといえるかもしれない。

なかでも私が感心したのは、次の解答である。

状況を整理して図式化

ある東大生は、次のように言った。

「要するに、Xの直面している問題は、Kに告白するか否かということです。よって、XのJに対する愛情をa、XがJとKの友情を重んじる気持ちをb、XのKに対する愛情をcとおけば、

　$c \geqq a+b$　ならば　XはKに告白すべきであり、
　$c < a+b$　ならば　XはKに告白すべきでない、

という結論になります。僕だったらXにこの不等式を見せて、自分の気持ちをよく見極めてa、b、cに点数を代入し、どちらなのか導けと言いますね」

愛の三角関係を不等式に表すことで答えを導く

　　a＝XのJに対する愛情
　　b＝XのJとKの友情を重んじる気持ち
　　c＝XのKに対する愛情
　　として数字を代入。

だったら
XはKに告白すべき

だったら
XはKに告白すべきではない

この解答では、Xの置かれた立場が主要な3つの要因に基づいて記号で整理されていると同時に、可能な選択肢が不等式に集約されている。
　とくに**複雑な人間関係に直面している状況下では、「状況を整理して図式化」すること自体になかなか気がつかないものだが、具体的な対応策を考えるためには、この方法が非常に有益である。**
　論理的思考の原点にあるのは、このように論点を整理して、自分がどこに価値を置いているのか（この場合は、Xがa、b、cにどのような点数を代入するのか）を見極めることにある。それは結果的に自分自身の価値観を見極めることにもなるため、自己分析にもつながるわけである。

自己分析論

　これまでの私の経験によれば、日本の多くの大学生が「自己分析」に抱いている疑問や悩みは、およそ次のように分類することができる。
　就職活動においては、自分がどのような人間か認識していなければ、自分がどんな仕事に就きたいのかわからないし、もちろん「自己PR」もできない。志望企業が決まれば、その企業が求める人物像と自己像のギャップをどのように埋めればよいか、どこまで自分をさらけ出せばよいのか、どの程度自分を飾るべきか、「具体的な対策」に疑問が生じる。
　そして、就職活動が進むにつれて、対人関係の中で自分をどのように表現すればよいのか悩み始める。面接でうまく自分を表現できない、グループワークで自分の立ち位置がわからないといった状況のまま時間が過ぎていくうちに、さらに「自分らしさ」が見えなくなる。異なる業種の面接で異なる自己像を演じているうちに「自己アイデンティティ」が揺らいでしまうケースも多い。
　多くの大学生の疑問や悩みに答えているうちに集積された結果が拙著『自己分析論』である。ぜひ参照していただきたい。

すべての条件を
満たす方法

How to Satisfy All the Condition

> 与えられた条件を考察する

　別の東大生が、「愛の三角関係」の相談に新たな解答を導いた。彼は、「XはすでにKに恋しているんですよね？　それならば、この件を解決するためには、結果的にXとKが結ばれればよいわけです。ただし、そこでJを傷つけてしまっては困るし、JとKの友情も大事にしなければならないというわけだから……」と独り言のように言った後、「ウーンと、うまい方法が浮かびました」と叫んだのである。
「僕だったら、イケメンYを雇ってきて、YにJを誘惑させろとXに言いますね。そこでYとJが交際するようになれば、XはJにフラれる形になるわけですから、Jを傷つけることになりません。むしろ、その状況を見ているKはXに同情するはずですから、Kの方からXに自然に近づいてくる可能性さえ生じます。このようにしてXとKが交際を始めたとしても、JとKの友情が壊れることもない。全員が、メデタシ、メデタシというわけです！」
　この東大生の解答は、実際にどのような状況になれば与えられている条件をクリアできるか、その方法を発見することに視点を置いて初めて思い浮かぶものである。つまり、これまでの解答とは違って、**「与えられた条件すべてを満たす方法」を発見すること**に重点が置かれているわけである。
　もちろん、イケメンを使ってJを誘惑させるという道徳的な大問題は発生するが、三角関係の3人のシステムだけでは解決できない状況に4人目を加えることによって事態を進展させるという意味では、最も計算し尽くされた

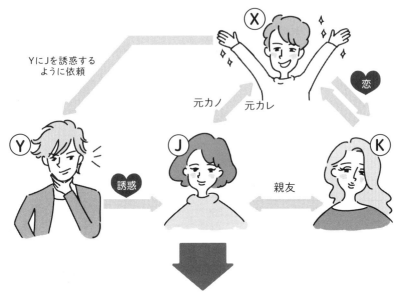

イケメンYを入れることですべての問題解決

XはJとKの友情を壊すことなく、Kとの関係を深められる。

シナリオといえるかもしれない。

　それにしても、この方法は多くの学生には評判が悪い。そもそも、たとえイケメンであっても、金で雇われるような男には節操がなく、何かのキッカケでJにペラペラとXから雇われたと話すかもしれない。

　いずれにしても、もし事情を知ったらJが受ける精神的打撃は果てしがなく、場合によっては「心的外傷後ストレス障害（PTSD）」に陥るかもしれない。いくらそれが「全条件を満たす方法」であるとしても、バレた場合のリスクが大きすぎて、とても道徳的に許せないというわけである。

　その一方で、もしXが本気でKに恋しているのであれば、この方法は十分有効だという学生もいる。読者はどのようにお考えだろうか？

三角関係の組み合わせ

The Combination of Love Triangle

8通りの組み合わせ

　さて、実は論理的に整理してみると、「愛の三角関係」の相談に登場する人物XとJとKが、結果的に何らかの意味で「人間関係が成立する」(○)か「人間関係が成立しない」(×)かの組み合わせは、次の表のように全部で8通りしかない。

三角関係の組み合わせ

ケース	XとJの人間関係	XとKの人間関係	JとKの人間関係
1	○	○	○
2	○	○	×
3	○	×	○
4	○	×	×
5	×	○	○
6	×	○	×
7	×	×	○
8	×	×	×

　もちろん「人間関係が成立する」といっても、同性間においても異性間においても、単なる知人関係や友情関係もあれば恋愛関係もあり得るし、その

関係の深さや継続期間にもさまざまな可能性がある。とはいえ、結果的にXとJとKがどのような人間関係に収束するのかという意味で表を見渡すと、8通りの組み合わせのどれかに含まれることがわかる。つまり、この表は三角関係のあらゆる組み合わせをカバーしているわけである

各ケースの解釈

「ケース1」は、XとJ、XとK、JとKのすべての人間関係が成立する場合を示している。現在のXとJは恋人関係にあり、XとKは友人関係にあり、JとKは親友関係にあるわけだから、現状は「ケース1」の一つの解釈例といえる。

　この3つの関係が変化して、すべてが挨拶程度の知人関係に移行する場合も生じうるし、すべてが濃密な恋愛関係に移行するような場合（JとKのレズビアン関係も含む）も想定できるが、いずれにしても、三者三様の人間関係が何らかの意味で成立している場合と解釈できる。

「ケース2」は、XとJ、XとKの人間関係のみが成立する場合を示している。たとえば、XがJとKと二股をかけて交際し、JとKの友情が壊れてお互いに遠ざかるような状況が考えられる。

「ケース3」は、XとJ、JとKの人間関係のみが成立する場合を示している。これは、たとえばKが空気を読んでXの前からは立ち去るような状況と解釈できる。

「ケース4」は、XとJの人間関係のみが成立する場合を示している。これは、たとえばXがKに告白した結果、Kがそれを断り、さらにKとJの友情も壊れて、KがXとJの前から立ち去るような状況と解釈できる。

「ケース5」は、XとK、JとKの人間関係のみが成立する場合を示している。これは、XがJと別れてKと交際し、Jもそれを認めてJとKの友情は継続するような状況と解釈できる。

「ケース6」は、XとKの人間関係のみが成立する場合を示している。これは、XがKに告白した結果2人が交際することになり、JがXとKの前から立

ち去るような状況と解釈できる。

「ケース7」は、JとKの人間関係のみが成立する場合を示している。これは、たとえばXがKに告白した結果、2人の女性が友情を保ちつつ、Xの前から立ち去るような状況と解釈できる。

「ケース8」は、すべての人間関係が成立しない場合を示している。いろいろな経緯を経て、結局全員がバラバラで一人ぼっちになるような状況と解釈できる。

さて、そもそも学生Xの私に対する質問は、「どのような行動を取るのが論理的なのでしょうか？」というものだった。そして、私の回答は、Xが具体的にどのような行動を取ったとしても、一定期間を経た後、XとJとKの三者は、これら8通りの人間関係の組み合わせのどれかに必ず収束しているはずであり、「論理的」に言えるのはそれだけだということだった。

すでに多くの学生の意見にあったように、Xが実際にどのような行動を取るかについては無数の可能性があり、そのそれぞれに対するJとKの反応に応じて、さらに未来は無数に枝分かれしていく。しかし、**3人の人間関係の「構造」そのものは、常に「論理的」に8通りのどれかに収まるわけである。私がXに伝えたかったのは、その全体像を意識することによって「大局観」を磨けば、最終的な選択の大きなヒントを得られるのではないか**、ということだった。

それでは、現実のXとJとKは、その後どうなったのか？　その結果については、読者のご想像にお任せしよう。

三角関係の行き着くケースは8つに絞られる

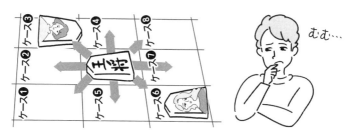

論理的思考

Logical Thinking

「論理的思考」とは何か

さて、ここで読者には、改めて最初のXの相談を振り返っていただきたい。混沌（こんとん）とした人間関係の原点ともいえる「三角関係」の状況に対して、多種多彩なアイディアが提案されてきたが、次第に問題が整理されてきたことがわかるだろう。

「論理的思考」というと、小難しい理屈ばかりを並び立てて重箱の隅を突つくようなイメージを持たれるかもしれないが、実は**「論理的思考」とは、思考の筋道を整理して明らかにすることによって、むしろ発想の幅を広げ、それまで気がつかなかった新たな論点の発見につなげる思考法**だという点を理解してほしい。

「論点」の意味

一般に、賛成や反対を表明する意見に含まれる一つひとつの理由や根拠のことを「論点」と呼ぶ。

私が常々学生に勧めているのは、**賛否が議論になるような問題に対しては、常に「賛成論（メリット）」の立場から論点を少なくとも３つ、「反対論（デメリット）」の立場から論点を少なくとも３つは挙げられるようにしてほしい**、ということである。

たとえば「日本の死刑制度を存置すべきか、廃止すべきか」といった二者

結論は過程があるから納得できる

択一問題に対しては、「存置すべき」という賛成論の論点を3つ、「廃止すべき」という反対論の論点を3つ挙げることが重要である。これらの賛否両論の論点を併記した上で、初めて公平な判断の土台に立つことができるからである。

ここで心配なのが、「私は死刑制度に賛成です。でも、うまく理由を言えません」というタイプの学生である。この学生は「死刑制度に賛成」だと言っている以上、何らかの理由や根拠を持っているに違いないのだが、いわば脳内が明快に整理整頓されていない状態であるため、うまく理由や根拠を言語化できないものと思われる。

何かをしたいという子どもに「ダメ！」と頭ごなしに怒鳴りつけたり、「理由なんかどうでもいい。とにかくダメなものはダメ！」と理不尽に命令する親がいたら、やはり同じように非論理的な思考回路に陥っているといえる。論点を明確にせず、理由や根拠を何も説明せずに、ただ「反対」という結論だけを押し付けているからである。

ここで注意してほしいのは、**論理的思考法で重要なのは、「結論」ではなく「過程」**だという点である。賛否が議論になるような問題に対しては、冷静にメリットとデメリットの論点を書き出してみてほしい。それらを自分で思いつかなければ、もちろん文献やネットで検索してもかまわない。固定観念や偏見から結論を出してしまわずに、あくまで出発点は「ニュートラル（中立）」にして、賛否両論を冷静に判断することが論理的思考法の原点である。

バランス理論

Balance Theory

「均衡」あるいは「安定」

「恋愛関係」は2人で成立する概念だから、1人の「意志」だけではどうにもならない状況が生じるケースは幾らでも考えられる。

その意味では、むしろ**人間関係の「均衡」あるいは「安定」という概念を考える必要が出てくる**だろう。これは、組織論やゲーム理論（→204ページ）など、自然科学のさまざまな分野にも登場する概念である。

たとえば、紅茶に砂糖を入れ続けると、ある時点で化学的に「均衡」な状態になり、砂糖はそれ以上溶けなくなって沈殿し、紅茶もそれ以上は甘くならなくなる。

それと同じように、人間のカップルも「均衡」状態に移行する傾向があると考えたのが、カンザス大学の社会心理学者フリッツ・ハイダーである。彼の提唱した「認知的均衡理論」は、「バランス理論」とも呼ばれる。

「認知的均衡」

ハイダーの理論は、一般に「P(主体)・O(他者)・X(対象)」のモデルで説明される。たとえば、P(男)、O(女)、X(ワイン) としよう。さらに、この男女はお互いに愛し合っていて、男はワインが好き、女はワインが好きではないとする。

ここで、良好な関係を「＋」、良好でない関係を「－」で表すと、この三

者の状況は、PO＝「＋」、PX＝「＋」、OX＝「－」で表されることがわかるだろう。

ハイダーの発想が斬新なのは、その3つの関係を掛け合わせて**「－」になる状態を「不均衡」、「＋」になる状態を「均衡」**と定義した点である。これで「均衡」と「不均衡」が論理的に定義されたわけである。

そのうえでハイダーは、**「不均衡」な人間関係は、「均衡」状態に必ず移行する**という仮説を立てた。

今の例では、3つの関係はPO＝「＋」、PX＝「＋」、OX＝「－」

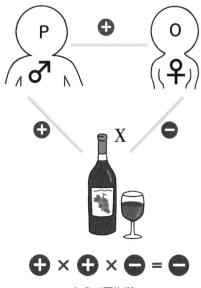

なので不均衡。

だから、プラス掛けるプラス掛けるマイナスで、答えはマイナスの「不均衡」状態にある。だから、もし女性がワインを好きになれば、すべてプラスになるから、均衡状態になる。

長く連れ添った夫婦は、趣味も似てくるとよく言われるが、最初はワインが苦手だった女性も、一緒にいる男性がいつも飲んでいるのを見て、少し飲み始めるうちに、好きになるケースもあるだろう。

逆に、男性が女性に気を使って、ワインを好きでなくなるケースもある。この場合はPO＝「＋」、PX＝「－」、OX＝「－」なので、プラス掛けるマイナス掛けるマイナスで、やはり答えはプラスになる。

もう一つの可能性は、男性はあくまでワインが好き、女性はあくまでワインが嫌いと主張し続けて、結果的に2人が別れるケース。この場合、PO＝「－」、PX＝「＋」、OX＝「－」なので、マイナス掛けるプラス掛けるマイナスで、やはり答えはプラスになる。

価 値 観

Sense of Value

自分の価値観を見極める

　それでは、別の思考実験をしてみよう。読者が2人の人物AかBのどちらと交際するか迷っているとする。すでに述べた論理的思考にしたがって、読者はAとBの長所と短所を書き出したとしよう。

　ここではわかりやすく極端に単純化して、Aはルックスはよいが性格に難があり、Bはルックスに難があるが性格はよいと人物であるとしよう。ここで読者が自分でも意識しないうちにAに惹かれているのであれば、実はその読者はルックスに重きを置いていることが判明する。もしBに惹かれるならば、ルックスよりも思いやりや優しさを重視していることが見えてくる。

　AがよいかBがよいかの論点を整理したうえで、どの論点を重視するかは、もちろん個人の自由である。逆に言えば、**論理的に整理することによって、自分が何を重視しているかがわかる。つまり、論理的思考によって、自分の価値観を見極めることができる**わけである。

　論理的思考に基づいて議論すると、当初は日本の死刑制度に大賛成だった学生が、賛否両論の論点を整理していくうちに反対に変わったり、逆に反対だった学生が賛成に変わることもある。それはそれで、まったくかまわない。最終的な結論は個人の価値観に依存し、その結論を変更するのも個人の自由だからである。

　ここでまとめておくと、**「論理的思考」に基づく「ロジカルコミュニケーション」とは、**①賛成論と反対論の論点を可能な限り（少なくとも双方3つ以上）

明らかにして、②どの論点に自分が価値を置いているのかを見極め、③新たなアイディアを発見するディスカッションの過程を重視し、④結論を変更してもかまわないので、⑤その時点における自分の最適解を発見するコミュニケーション・スタイルだということになる。

相手を黙らせるのが「ロジカル」ではない

「ロジカルコミュニケーション」は、基本的に「楽しい」コミュニケーションである。実際に、学生たちは目を輝かせながら新たな論点を探し、反論にも公平に耳を傾け、最終的に当人がどこに価値を置いているのかを見出して「自分は、この論点を大事にしていたのか、こんな人間だったのか」と自分自身を発見している。

お互いに知的好奇心を刺激し合い、誰かがそれまで気づかなかったアイディアを話すと、「そんな考え方もあったのか！」と驚いた表情になり、なぜか皆ニコニコとした笑顔になる。彼らが、この愉快なコミュニケーションをもっと続けたいと感じているのがわかる。

一方、「ロジカルコミュニケーション」の対極に位置するのが、いわば「相手を黙らせるコミュニケーション」である。こちらは、自己主張を大声で述べ、相手の発言を平気で遮り、自分の立場は絶対に譲らず、場合によっては相手を嘲笑したり罵倒したりして、相手が黙り込むと「はい、論破！」と勝ち誇るというタイプのコミュニケーションである。

テレビやネットの討論番組などの影響もあるのか、**このような「論破」こそが「ロジカル」だと勘違いしている学生が稀にいるが、それはまったくの誤解**である。

そもそも賛否両論が生じるような問題の背景には複雑な論点が隠れていることが多く、どの解決法にも複数のメリットとデメリットがあり、安易に「論破」できるような単純なものはほとんどない。

賛否両論

Pros and Cons

真の「論破」

「論破」が真の意味で成立するのは、数学のように議論の大前提となる体系（一般に「公理系」と呼ばれる）が事前に規定されている世界だけでの話である。

私がアメリカの大学大学院の数学科に在籍していた頃、ある定理を発見したと考えて、世界的権威である教授に意気揚々と報告に行ったことがある。

教授は、私の「証明」を眺めた瞬間、即座に次のように言った。「あははは、残念！　君の証明は、Aの部分からBの部分にかけて論理的な飛躍がある。この飛躍を君は埋めたいだろうが、それは無理だ。なぜならAが成立してもBは必ずしも成立しないからだ。その証拠として次のような反例がある。したがって、君の定理は成立しない！」

ここまで完全に「論破」されると、気分は爽快になり、自分の間違いに気づかせてくれた教授に心から感謝したくなる。つまり、本当の「論破」は、愉快なものなのである。

続けて教授は「そういえば、君とまったく同じ間違いを犯した大学院生がこれまで4人いた。そのうち2人は、今では立派な大学の教授になっているから、君も心配しなくて大丈夫だ」と慰めてくれた。

そこで大学教授になった以外の2名がどうなったのか聞くと、「1人はイラク戦争に志願して戦死した。もう1人は、連絡がなくて行方不明だよ」とおっしゃった。

あなたは「憲法改正」に賛成ですか？

さて、日本で侃々諤々の論争を巻き起こしている問題を考えてみよう。「あなたは『憲法改正』に賛成ですか？」と聞かれたら、読者は何と答えるだろうか？

すぐに「賛成」や「反対」と答えてしまった読者は、もう一度本書を最初から読み返してほしい。そもそも日本の最高法規である「日本国憲法」は、前文と103条の条文から成立しているわけだから、どの条文をどのように改正する話なのか、質問を具体化しなければ、この問題には論理的に答えられない。あわてて答えないこと、質問の意味を吟味することも、「ロジカルコミュニケーション」の重要な第一歩である。

それでは「自民党の改正案では憲法97条を削除することになっています。この点に賛成ですか」と質問されたらどうだろう？

> **憲法97条**
> この憲法が日本国民に保障する基本的人権は、人類の多年にわたる自由獲得の努力の成果であつて、これらの権利は、過去幾多の試錬に堪へ、現在及び将来の国民に対し、侵すことのできない永久の権利として信託されたものである。

ここで読者は、「自民党の改正案」に対する賛成論と反対論の論点を調べ上げて、自分がどの論点を重視しているかを見極めたうえで、最終的に賛成か反対の判断を下すことができる。

この思考法こそが「自分の頭で論理的に考える」ことであり、その成果を同じように「自分の頭で論理的に考える」他者と分かち合い、結果的に相互で高め合うのが「ロジカルコミュニケーション」なのである。

論点のすりかえ

Irrelevant Conclusion

「ロジカルコミュニケーション」のマナー

「ロジカルコミュニケーション」は、新たな論点を探し、反論にも公平に耳を傾け、最終的に自分がどの論点を重視しているのか、自分自身の価値観を見極めるコミュニケーションである。この「ロジカルコミュニケーション」の対極に位置するのが、いわば「相手を黙らせるコミュニケーション」であることも、すでに述べたとおりである。

これも大事なポイントなので繰り返しておくが、そもそも賛否両論が生じるような問題の背景には複雑な論点が隠れていることが多く、どちらの立場にもメリットとデメリットがあり、安易に「論破」できるほど単純なものはほとんどない。

実際には**「相手を黙らせるコミュニケーション」は「論点のすりかえ」によって話を逸らし、相手を煙（けむ）に巻いているにすぎない**ことが多い。

したがって、この種の論法に対しては「あなたは論点をすりかえていますよ」と返答すればよいことになる。

それを見極めるために必要な10の代表的な「論点のすりかえ」を解説するので、一つひとつについて、読者にも具体例を探してみてほしい。もしかすると、読者自身が自分でも気がつかないうちに論点のすりかえを行ってきたかもしれない。**これらの「論点のすりかえ」は、「ロジカルコミュニケーション」の大きな障害である**。可能な限り論点のすりかえをやめて、スムーズで建設的なコミュニケーションを心掛けたい。

対人論法

Appealing to Personality

論点のすりかえ1：対人論法

「対人論法」（ラテン語 argumentum ad hominem; appealing to personality）は、**ある主張に対して、その主張に具体的に反論するのではなく、主張する人の人格や個性を攻撃する論法**を指す。

例1　A：私は日本の消費税増税に反対します。
　　　B：君は経済学を知らないから、そんなことを言うんだよ。

例1において、Bは「日本の消費税増税」の論点を議論するのではなく、Aの「経済学」の知識に論点をすりかえている。

例2　A：私は日本の消費税増税に反対します。
　　　B：君は女だから、日本の消費税増税が必要なことが理解できないんだよ。

例2において、「女だから」という部分が対人論法による論点のすりかえである。「子どもだから」「主婦だから」「老人だから」のような性質や、「日本人のくせに」「東大出のくせに」「会社を経営しているくせに」のように国籍や学歴や経歴を用いて論点をすりかえる場合もある。

例3　A：私は日本の消費税増税に反対します。
　　　B：おまえはバカだ。何もわかっていない。

　例3は、より直接的な人格攻撃である。とくにネットでは「バカ」「クズ」「雑魚」のような罵倒用語を見かけるが、この種の用語を発する人物は、自分がどれほど非論理的な発言をしているのか、気づいていないのだろうか。「対人論法」は相手の尊厳を貶める最も悪質な論点のすりかえである。この論法を決して行わないことは、ロジカルコミュニケーションにおける最低限のマナーだと覚えてほしい。

　ところで、「対人論法」をはじめとする「論点のすりかえ」で攻撃された場合、覚えておいてほしいのは、**このような攻撃をしてくる人は、あなたの主張に反論できないと考えている可能性が高い**ということである。正当な議論では勝つことができないので、あなた自身について攻撃して、論点をすりかえようとしているわけである。

　そこで、もし議論に「対人論法」が登場したら「あなたは論点をすりかえていますよ」と冷静に対処するのが相手に打ち勝つ秘訣である。

主張ではなく人を攻撃する対人論法

相手の主張そのものではなく、人格や論者の個性（性別、学歴、年齢など）を攻撃すること。

トーン・ポリシング

Tone Policing

論点のすりかえ2：トーン・ポリシング

「トーン・ポリシング」(tone policing) は、**ある主張に対して、その主張に具体的に反論するのではなく、主張する人の口調（トーン）を取り締まる（ポリシング）ことによって、相手の人格や個性を攻撃する論法**を指す。

例1　A：私は性差別に反対します。女性も機会均等であるべきです。
　　　B：そんな強い言い方をしたら、誰も聞いてくれないよ。

例1において、Bは「性差別」という論点を議論するのではなく、Aの「強い言い方」に論点をすりかえている。

例2　A：私は性差別に反対します。女性も機会均等であるべきです。
　　　B：そんな言い方をすると、君のかわいい顔が台無しだよ。

例2は例1の変形である。Bは単純に論点をすりかえるばかりでなく、Aの「かわいい顔」に言及して煙に巻こうとしている。

2017年2月17日、衆議院予算委員会で山尾志桜里議員が「2017年度末までに待機児童をゼロにする目標」について質問した。山尾氏が「総理、自分は何年までに待機児童ゼロを目指すのかわからないでおっしゃっていたということを自白したことになります」と言うと、安倍晋三首相は「そんなに興

主張ではなく口調や態度を攻撃するトーン・ポリシング

相手を感情的であるという型にはめることによって、
冷静な議論ができない人というレッテルを貼り、論点をずらす行為。

奮しないでください」と嘲笑しながら答えた。

　この安倍首相の「トーン・ポリシング」に限らず、国民を代表するはずの国会議員の討論において、あまりにも多くの「論点のすりかえ」が行われていることに驚愕せざるを得ない。

　そもそもトーンが変化することには理由がある。とくに少数意見を表明する場合や、自分の意見が受け入れられない場合、あるいは相手が嘘をついているように思われる場面では、感情的になってトーンがアップするようなこともあるだろう。しかし、気持ちのよいロジカルコミュニケーションを行うためには、可能な限り冷静に「論点」を主張してほしい。

　一方、善意から相手のトーンを注意することもあるかもしれないが、それが火に油を注ぐ結果になることもあるだろう。ロジカルコミュニケーションで重要なのは、あくまで目前の「論点」に向き合うことである点に注意してほしい。

お前だって論法

Appealing to Hypocrisy

論点のすりかえ3：お前だって論法

「お前だって論法」（ラテン語 argumentum tu quoque; appealing to hypocrisy）は、**ある主張に対して、その主張に具体的に反論するのではなく、主張する相手の過去にさかのぼって相手の行為を攻撃し、論点を拡散させる論法**を指す。

例1　A：君は今日、遅刻してきたね。
　　　B：お前だって、昨日遅刻してきたじゃないか。

例1において、Aの論点は「Bの今日の遅刻」であるにもかかわらず、Bは「Aの昨日の遅刻」に論点をすりかえている。

いつも遅刻しているような人間に「遅刻するな」と言われると「お前だって」と言い返したくなる気持ちは心情的には理解できる。しかし、これも目前の論点をすりかえて、話を逸らしていることに変わりはない。

このケースでは、あくまで今日遅刻したのはBなのだから、その目前の論点については「今日は遅れてごめん」のように謝罪し、次に別の論点に移るべきである。あくまで今現在、目前にある論点から片づけていかなければ建設的な議論ができない。

例2　A：ロシアがウクライナに侵攻したことは許されない。
　　　B：アメリカだってアフガニスタンに侵攻したじゃないか。

お前だって論法は国際関係をも壊している

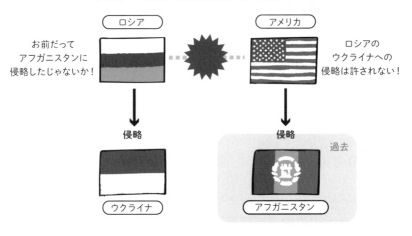

　例2において、Aの論点は「ロシアのウクライナ侵攻」であるにもかかわらず、Bは「アメリカのアフガニスタン侵攻」に論点をすりかえている。
「お前だって論法」は、冷戦時代のソ連が多用したプロパガンダとしても知られる。当時のソ連外交部は、東側の主張が批判されると「西側だって」と意図的に論点をすりかえていたことが明らかにされている。
「お前だって論法」を繰り返し、いったん相手の過去にさかのぼって両者が攻撃を始めると、お互いに収拾がつかなくなり、人間関係を泥沼化させてしまう場合もある。
　些細なきっかけから、お互いに「お前だって論法」をエスカレートさせると、次のように大きな悲劇が生じる危険性もある。

例3　夫：君は今日、遅刻してきたね。
　　　妻：あなただって、よく遅れてくるくせに。
　　　夫：まず、今日遅れたことについて謝ったらどうだ？
　　　妻：それを言うなら、あなたが先週の金曜日、結婚記念日の夕食
　　　　　に遅れてきた件はどうなるの？

ブーメランにご用心

お前だって！

受けた非難を相手の落ち度にすりかえる論法ともいえる。
建設的な議論をするためにも、完璧な人間などいないという
当たり前のことを思い出そう。

夫：金曜日は、仕事が長引いたから、仕方がないじゃないか。それを言うなら、君が準備に手間取って遅刻したせいで、新婚旅行の飛行機に乗り遅れたことを忘れたのか？　高い飛行機代が、君のせいで無駄になったんだ！
妻：お金のことばかり言って、ケチな人！　こんな人と結婚しなければよかった！　もう離婚する！

　日頃は仲のよい夫婦が夫婦喧嘩に至ったり、居酒屋で楽しく飲んでいた友人同士が殴り合いの喧嘩になったりすることがある。新聞やSNSの記事には「些細なことがきっかけ」で暴行事件や殺傷事件にまで至ったと表現されている。
　その「些細なきっかけ」には「お前だって論法」が潜んでいる場合が多い。この論法を用いると、**両者ともそれまで相手を気遣って我慢してきた感情が剥き出しになり、異様なほど攻撃的になってしまう**。くれぐれも「お前だって論法」に陥らないように、自制が必要である。

お前だったら論法

What Aboutism

論点のすりかえ4：お前だったら論法

「お前だったら論法」（what aboutism）は、**ある主張に対して、その主張に具体的に反論するのではなく、「〜だったらどうなんだ」（What about...?）と論点をすりかえる論法**を指す。

例1　A：あの選手、なんであの場面でバックパスするんだ？　どう考えてもゴール前にパスする場面なのに！
　　　B：お前だったらできるのか？

例1において、Aの論点は「ある選手のバックパス」であるにもかかわらず、Bは「お前だったらできるのか」と論点をすりかえている。

例2　A：どうして首相の政策は愚策ばかりなのかな？
　　　B：それじゃあ、お前が首相になれば？

例2において、Aの論点は「首相の政策が愚策」だということであるにもかかわらず、Bは「お前が首相になれば」と論点をすりかえている。

例3　娘：ママ、この鮭(さけ)のムニエル、少し塩辛いんだけど……。
　　　母：じゃあ、お前が作れば？

例3において、娘の論点は母の料理が「少し塩辛い」ことであるにもかかわらず、母は「お前が作れば」と論点をすりかえている。

　せっかく作った料理を批判されると「お前が作れば」と言い返したくなる気持ちは心情的には理解できる。しかし、これも目前の論点をすりかえて、話を逸らしていることに変わりはない。

「お前だったら論法」に潜む感情

　基本的に会話に「お前だったら論法」が登場するのは、相手の発言が必要以上に「偉そう」に映った場合といえる。プロのサッカー選手や首相が下した判断、あるいは母親がせっかく作った料理に対して、まるで評論家のように批判的な発言を聞くと、「そんなに偉そうに言うなら、お前がやってみろ！」と言いたくなる「感情」が生じるわけである。

　しかし「偉そうに、何様のつもりだ？」といった感情用語は、結果的に論点を逸らし、後に続く会話を無駄にしてしまう。知的で冷静なコミュニケーションのために、そう言いたくなる「感情」を抑えてほしい。

「お前がやってみろ」のお前だったら論法

他者への批判が、自分ができるかどうかに論点がすりかえられている。
無責任に批判するのも、お前だったら論法を使うのも、大人げなさで言えばどっちもどっち。

衆人に訴える論法

Appealing to Popularity

論点のすりかえ5：衆人に訴える論法

「衆人に訴える論法」（ラテン語 argumentum ad populum; appealing to popularity）は、**ある主張に対して、その主張そのものを議論するのではなく、多数が支持しているから正しいと論点をすりかえる論法**を指す。

例1 　警察官：スピード違反です。
　　　 運転手：他の多くの車だってスピード違反しているんだから、かまわないだろう。なぜ僕だけ捕まえるんだ！

例1において、運転手は自分がスピード違反を犯したという論点を「他の多くの車」が違反しているという論点にすりかえている。

例2 　与党議員：我々は衆議院の過半数を占めているから、この法案を投票で成立させる。
　　　 野党議員：この法案には国民から多くの反対意見が寄せられている。もっと慎重に審議すべきだ。
　　　 与党議員：我々は国民の過半数から支持されているんだから、投票の結果は国民の判断である。

例2において、与党議員は「衆議院の過半数」を「国民の過半数」と同一

視しているが、実際にはその比率は成立しない。

たとえば、2021年の衆議院議員総選挙では、自民党が衆議院議員定数465人のうち261人（56%）を占める「絶対安定多数」を獲得した。

ところが、自民党は小選挙区で約2762万票（48.1%）を獲得したとはいえ、実際の自民党候補が獲得した票数の割合（絶対得票率）は26.2%にすぎない。というのは、もちろん投票率が低いからである。

さらに、比例代表区における自民党の得票数は約1991万票（34.7%）だが、絶対得票率は18.9%にすぎない。つまり、比例代表区における自民党の国民全体からの支持率は、過半数どころか、20%弱しかないわけである。

このような現象が生じる原因として、「どの政党も支持しない」と考えて選挙に行かないかなりの数の国民が存在することを理解すべきである。少なくとも「衆議院の過半数」が「国民の過半数」に直結しないことは明らかだろう。

与党だからといって国民の過半数が支持しているわけではない

我々は過半数を取った！国民の過半数が支持している！

選挙での絶対得票数を見ると…
第49回衆議院議員総選挙（2021年）の自民党の絶対得票数

投票を棄権した人も含めた有権者全体のうち、何%がその党の候補に投票したかを示す数値。

小選挙区 26.29

比例代表区 18.9

国民の過半数が支持しているとはいえない。

子どもが得意な衆人に訴える論法

この子だけ持ってないとイジメられるかも…

クラスのみんなが持ってるから買って！

感情に訴える論法

Appealing to Emotion

論点のすりかえ6：感情（恐怖・同情・嘲笑）に訴える論法

「感情（恐怖・同情・嘲笑）に訴える論法」(appealing to emotion [fear, pity, ridicule]) は、ある主張に対して、その主張そのものを議論するのではなく、**感情（恐怖・同情・嘲笑）に直接訴えかけることによって論点をすりかえる論法**を指す。

例1　A：このまま環境破壊が続くと人類は滅亡します。
　　　B：そんな恐ろしいことは言わないでくれ！

例2　A：このまま環境破壊が続くと人類は滅亡します。
　　　B：それでは人類が哀れすぎるじゃないか！

例3　A：このまま環境破壊が続くと人類は滅亡します。
　　　B：そんな大げさなこと言うと笑われるよ！

例1、例2、例3において、Aの論点は「環境破壊」であるにもかかわらず、Bは各々を「恐怖」「同情」「嘲笑」によって論点をすりかえている。

感情に訴えると本質的な議論が進まない

信仰に訴える論法

Appealing to Faith

> 論点のすりかえ7：信仰（神・自然・伝統）に訴える論法

「信仰（神・自然・伝統）に訴える論法」（appealing to faith [God, nature, tradition]）は、**ある主張に対して、その主張そのものを議論するのではなく、信仰（神・自然・伝統）に直接訴えかけることによって論点をすりかえる論法**を指す。

例1　A：私は同性婚に賛成します。
　　　B：お前は間違っている。神は異性婚のみを許されている。

例2　A：私は同性婚に賛成します。
　　　B：お前は間違っている。同性婚は自然ではない。

例3　A：私は同性婚に賛成します。
　　　B：お前は間違っている。伝統的に異性婚のみが許されている。

例1、例2、例3において、Aの論点は「同性婚」であるにもかかわらず、Bは各々を「神」「自然」「伝統」によって論点をすりかえている。

あらゆる議論の前提に「神」「自然」「伝統」のような「信仰」を持ち出されると、その時点で論点がすりかえられてしまうことに注意してほしい。

例4　A：私は同性婚に賛成します。

B：私は同性婚に反対する。なぜなら、私の尊敬する父が同性婚
　　　　に反対しているからだ。

　例4において、Aの論点は「同性婚」であるにもかかわらず、Bは「尊敬する父」の意見に論点をすりかえている。
　言うまでもないことだが、「神」「自然」「伝統」あるいは「尊敬する父」を大切にすることは個人の自由である。ただし、そのことと「同性婚」の是非に関わる議論は直結しない。
　残念ながら、たとえば「神は同性婚を許さない」という結論のみを最初から最後まで主張する論者とは、何時間話し合っても建設的な議論ができない。
　ここで建設的な議論とは「現代社会で同性婚を法制化する際のメリットとデメリット」の論点を列挙して判断することであり、すでに述べたように「ロジカルコミュニケーション」で重要なのは「結論」ではなく「過程」なのである。

「信仰」を持ち出した時点で建設的な議論が終わる

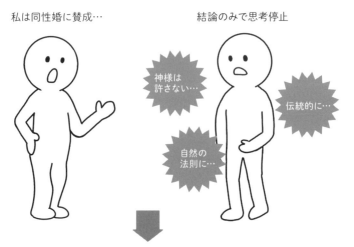

だからこそ必要なロジカルコミュニケーション。

権威に訴える論法

Appealing to Authority

論点のすりかえ8：権威に訴える論法

「権威に訴える論法」(appealing to authority)は、**ある主張に対して、その主張そのものを議論するのではなく、何らかの権威に訴えることによって論点をすりかえる論法**を指す。

例1　A：ビタミンCを大量に摂取すると癌が治るんだよ。
　　　B：そんな話には医学的な根拠がない。
　　　A：たしかに医学的には認められていないかもしれないが、君はライナス・ポーリング博士を知っているよね。彼は、ノーベル化学賞に加えてノーベル平和賞を受賞した大天才で、人格的にもすばらしい人物だ。その彼がビタミンCで癌が治ると言っているんだから、間違いないよ。

　例1において、ポーリングが化学界ですばらしい業績を残し、また世界平和を追求し、学者としても人格的にも高く評価されていることは事実である。だからといって、彼の学説がすべて正しいわけではない。
　ポーリング自身が、次のように述べている。「立派な年長者の話を聞く際には、注意深く敬意を抱いて、その内容を理解することが大切です。ただし、その人の言うことを『信じて』はいけません！　相手が白髪頭であろうと禿頭であろうと、あるいはノーベル賞受賞者であろうと、間違えることがある

のです。常に疑うことを忘れてはなりません。いつでも最も大事なことは、自分の頭で『考える』ことです」

> **例2**　A：なぜ君は結婚しているのに平気で浮気するのか？
> B：僕の尊敬する物理学者アルベルト・アインシュタインは結婚後に従姉(いとこ)と不倫して再婚し、その後も10人以上の女性と浮気しているんだ。僕も見習わなければと思ってね。

例2において、Bは「物理学者」としてアインシュタインを尊敬するという意見から、アインシュタインの「不倫」を「見習わなければ」という論点に飛躍している。

一般に、人間には、理由や根拠が曖昧であっても権威者の意見や行動を重んじて受け入れやすい「権威への隷属性」と呼ばれる心理的傾向がある。コミュニケーションの場面で何らかの「権威」が登場する際には、その「権威」が正当な意味を持つのか、論点のすりかえに使われているのか、吟味しなければならない。

人は権威に弱い

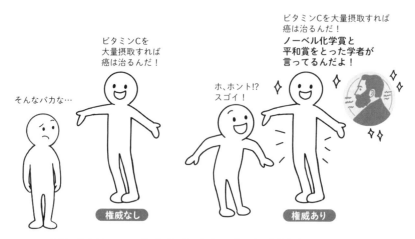

同じことを言っていても、権威のあるなしで、受け手の印象も変わってしまう。

藁人形論法

Straw Man

論点のすりかえ9：藁人形論法

「藁人形論法」（straw man）は、**ある主張に対して、その主張そのものを議論するのではなく、その主張を歪めた架空の解釈（藁人形）に攻撃を加えて論点をすりかえる論法**を指す。

例1　A：子どもが屋外で遊ぶと危険なこともあるね。
　　　B：君は、子どもを家に閉じ込めておくべきだと言うのか。それじゃあ、子どもがかわいそうだろう。

例1において、Aは「屋外では危険なこともある」と主張しているにもかかわらず、Bはそこから「家に閉じ込めておくべき」と極端な解釈を組み立て、それに対して「かわいそうだ」と結論付けている。

いわゆるSNSの「炎上」は、誰かの主張が切り取られて極論な結論に曲解される「藁人形論法」で生じるケースが散見される。その論法を見た人々が、さらに批判を繰り返して拡散するわけだが、常に最初の「原典」を確認して「藁人形」ではないかを確認する必要がある。

例2　顧客：リモコンが故障したんだが。
　　　修理部門：それはお困りですね。まずリモコンに電池が入っているか、ご確認いただけますでしょうか。

顧客：お前は、俺がリモコンに電池を入れないバカだと思っているのか。失礼な！　上司と代われ！

　例2において、修理部門は「リモコンに電池が入っているか」を確認しているにもかかわらず、顧客は「リモコンに電池を入れないバカ」という極端な解釈を組み立て、それに対して「失礼な」と結論付けている。
　「慇懃無礼」という言葉があるように、丁寧すぎるために「藁人形論法」を生じさせるケースもある。この種の「藁人形論法」を回避するためには、修理部門が最初に「故障の原因を突き止めるために、ルーティーンで幾つか質問させていただきます」と断っておくのも、一つの方法かもしれない。
　2023年6月18日、豪華客船タイタニック号の残骸を見るツアーで潜水艇「タイタン」が水圧で圧し潰されて「圧壊」し、5人の乗組員全員が瞬時に死亡した。
　潜水艇の安全性を問われたツアーの責任者は、「どうしても安全でいたければ、ベッドから出なければいいし、車に乗らなければいいし、何もしなければいいだろう」と答えている。
　彼は、この「藁人形論法」を妄信して安全性を軽視し、自ら潜水艇「タイタン」を操縦して、結果的に逝去したのである。

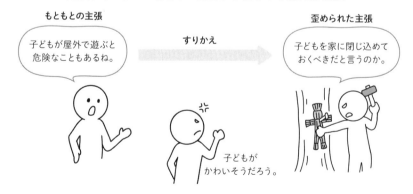

主張していないことをでっち上げて攻撃する藁人形論法

赤いニシン論法

Red Herring

論点のすりかえ10：赤いニシン論法

「赤いニシン論法」(red herring) は、**ある主張に対して、その主張そのものを議論するのではなく、主張の意味を故意に逸らして論点をすりかえる論法**を指す。

　この論法は、どちらかというと修辞学や文学の技法として用いられてきた。もともとは13世紀の記述「彼は魚は食べなかったが、赤いニシンは食べた」(He eteþ no ffyssh But heryng red.) に由来する。

例1　女：あなた結婚しているの？
　　　男：結婚式は挙げていないよ。
　　　……(半年後)……
　　　女：「結婚していない」と言ったのは嘘だったのね？
　　　男：僕は「結婚していない」とは言っていない。「結婚式は挙げていない」と言ったんだよ。

　例1において、男は「結婚」を「結婚式」の概念と故意に勘違いさせて、論点をすりかえている。

例2　記者：今朝、ご飯は食べましたか？
　　　政治家：いいや、ご飯は食べていない。

記者：先生が会食されていた様子が目撃されていますが？
　　　政治家：今朝はレストランでトーストを食べた。君がご飯を食べ
　　　　たか聞いたから、僕は白米は食べていないと答えた。

　例2のような論点のすりかえは「ご飯論法」とも呼ばれている。
　2021年3月10日、武田良太総務大臣は、参議院予算委員会で、NTT社長との会食があったかどうかを問われて、「国民から疑念を抱かれるような会食や会合に応じたことはない」と答えた。
　いわゆる「大臣規範」では、「供応接待を受けること」は「国民の疑惑を招くような行為」とみなされ、「してはならない」と明確に定められている。
　そのため、武田氏は、NTT側との会食が「あったのか、なかったのか」の「事実」について直接答えず、「国民から疑念を抱かれるような会食や会合に応じたことはない」という定型文の答弁を繰り返した。
　野党が反発して審議は打ち切られ、その後、3月15日までに開かれた4回の予算委員会で、武田氏は、同じ趣旨の質問に対して「合計25回」も「国民から疑念を抱かれるような会食や会合に応じたことはない」という定型文を繰り返したのである！
　「会食や会合」は「あったのか、なかったのか」、どちらかしかない。結果的に週刊誌報道で追い詰められた武田氏は、NTT社長と「会食や会合」した事実を認めた。彼は言い逃れに終始して、予算委員会を6日間も無駄に空転させたのである。

「赤いニシン論法」またの名を「ご飯論法」

あまりにも子どもじみた論点ずらしが国会を空転させることがある。

非言語コミュニケーション

Non-verbal Communication

「言語コミュニケーション」と「非言語コミュニケーション」

「コミュニケーション」といえば、「言語」に基づく意思疎通を思い浮かべるかもしれないが、実際には、無意識に表れてしまう言語以外の「非言語コミュニケーション」が大きな影響を与えている。

「目は口ほどにものを言う」とも言うが、顔の表情や視線、身振り手振り、姿勢や座り方、距離の取り方など、人間は言葉以外の手段でもコミュニケーションをとっている。

ホールの研究

現在の「非言語コミュニケーション」研究の基礎を確立したのは、ノースウエスタン大の文化人類学者エドワード・ホールである。彼は「言語」そのものよりも「非言語」が「コミュニケーション」に与える影響を分析し、とくにその背景に「文化」的要因が潜んでいることを明らかにした。

ホールは、それらを「周辺言語」(paralanguage)、「空間学」(proxemics)、「動作学」(kinesics)、「接触学」(haptics) などに分類し、新たな学問分野として追究した。

ホールは、いわゆる「ボディランゲージ」や「アイコンタクト」などの概念がコミュニケーションに果たす役割に注目したばかりでなく、「時間感覚」が、文化圏によって単一的な「モノクロニック時間」(monochronic time) と多元的な「ポリクロニック時間」(polychronic time) に分かれる傾向や、「コンテ

クスト」(context)の依存度が文化によって「高い」か「低い」か異なる傾向についても調査した。

［「非言語コミュニケーション」の影響

『人は見かけが9割』とか『結局、人は顔がすべて』などといった極端なタイトルの書籍が発行されているように、外見の身体的魅力が対人関係に好影響をもたらすことは、数多くの心理実験でも実証されていることである。したがって「見かけが影響を与える」ことは事実といえる。

ただし「見かけ倒し」とも言うように、時間が経過するにつれて表れてくる内面が尊重に値しなければ、もちろん人間関係も長続きはしないだろう。

就職活動の面接官は、新卒学生の内面を見極めるために何度も時間をかけて面接する。したがって、内面を磨かなければならないのはもちろんだが、それ以前に、身だしなみも大事である。

以前、非常に有能であるにもかかわらず、面接がうまくいかない学生の相談を受けたことがある。この学生は、緊張を抑えようとすると、無意識的に身体を揺すったり、意味なく手や指を動かしたりする癖があった。

そこで、基本的に身体を動かさないようにして、背筋をしっかり伸ばし、手や足を動かさずに落ち着いて話す習慣をつけたら、立派な企業から内定を貰うことができた。

面接官の眼をしっかり見て話すことも重要である。よく知られる「アイコンタクト実験」によれば、**「目を合わせる」アイコンタクトを15％に絞った映像と80％の映像を被験者に見せて評価させたところ、15％では「冷たい・悲観的・弁解的・無関心・従順」、80％では「自信・親近感・自然・誠実・円熟」という印象を与えることがわかった。**

「目は心の鏡」とも言われるように、「ロジカルコミュニケーション」をとっている学生たちは、多すぎも少なすぎでもなく、50％程度の自然なアイコンタクトをとっていることが多い。

とはいえ、アイコンタクトを多くとって、大げさな身振りや手真似で話す

非言語コミュニケーションが印象をガラリと変える

ことが好まれる文化圏と、そうではない文化圏がある点にも注意が必要である。

　一般にアメリカやイギリス、フランスやイタリアといった西洋文化圏では、アイコンタクトやジェスチャーが好まれるが、日本や中国、タイやベトナムのような東洋・東南アジア文化圏では、自分よりも年上や社会的地位の高い相手の目を凝視したり、身振りや手真似を行うことは、無礼だとみなされる場合もある。

　さらに、非言語コミュニケーションが相手に与える影響は、その相手によって個人差が大きいこともわかっている。したがって、一般論とし確実に言えることは、落ち着きなく動いたり、アイコンタクトが少なすぎたりしたら、相手に悪い印象を与える可能性が高いという程度である。

いかにして問題をとくか

How to Solve It

ポリアの生涯

「論理的思考法」の基盤として、機械学習や人工知能論、認知科学に大きな影響を与え続けている名著『いかにして問題をとくか』に推薦文を書いたことがある。以下、その内容を紹介しよう。

ジョージ・ポリアは、1887年12月13日、ハンガリーのブダペストに生まれた。両親ともユダヤ人の家系で、父親は弁護士である。ポリアは、ギムナジウムでは、とくに生物学、地理学と文学で優秀な成績を収めた。数学者といえば、幼少期から数学的才能を示すことが多いが、彼の数学の成績はやっと及第できるレベルだった。その原因は「数学教師の無能さ」にあったと、ポリアは後に述べている。

1905年、ブダペスト大学に進学したポリアは、最初は法律学、次に言語学を学び、ラテン語とハンガリー語の教員資格免許を取得した。さらに、当時公表されたばかりの相対性理論に興味を抱き、物理学を学んだ。最終的に専攻を決める際には、哲学を選ぼうとしたが、厳密な哲学のためには数学が必要だと考え直して、数学科に進んだ。1912年、彼は「幾何学的確率論」によって博士号を取得した。

数学者として生きる覚悟を決めたポリアは、意気揚々とドイツのゲッチンゲン大学に留学した。そこで彼は、フェリックス・クライン、ダフィット・ヒルベルトやエドモンド・ランダウといった一流数学者の講義に魅了された。同時に彼は、ほぼ同世代のヘルマン・ワイルやエーリッヒ・ヘッケのような

研究者とも交流できた。ところが彼は、このすばらしい環境から、追放されてしまうのである！

　1913年のクリスマス休暇の際、ポリアは、帰省のため列車に乗った。数学の難問を考えていた彼は、一種の精神的興奮状態にあった。そのとき、列車が揺れて、彼のカバンが向かいに座る若者の足元に落ちてしまった。ポリアは、それを渡してほしいと頼んだが、相手は無視した。ムッとしたポリアは、挑発的な言葉を発したが、それも相手は無視した。そこで激怒したポリアは、相手の耳を殴ってしまったのである。実は、その若者はゲッチンゲン大学の学生で、しかも枢密院議員の息子だった。訴えられたポリアは、ドイツを去らざるをえなかった。

　失意のどん底に陥った26歳のポリアの才能を高く評価し、彼をスイスのチューリッヒ連邦工科大学に招聘したのは、ヒルベルトやヘルマン・ミンコフスキーの指導教授として知られる54歳のアドルフ・フルヴィッツである。彼のおかげでポリアは1914年から1940年までスイスに落ち着いて研究を続け、「ポリア予想」「多変量ポリア分布」「ポリア列挙定理」など、数論から確率論や組み合わせ論に至るまで、幅広い領域で業績を挙げた。

　さて、ポリア教授は、1924年に天才フォン・ノイマンと出会っている。拙著『フォン・ノイマンの哲学』には、ポリアが次のように語る場面が登場する。「彼は、私を怯えさせた唯一の学生でした。とにかく頭の回転が速かった。私は、チューリッヒで最上級の学生のためにセミナーを開いていましたが、彼は下級生なのに、その授業を受講していました。ある未解決の定理に達したとき、私が『この定理は、まだ証明されていない。これを証明するのは、かなり難しいだろう』と言いました。その5分後、フォン・ノイマンが手を挙げました。当てると、彼は黒板に行って、その定理の証明を書きました。その後、私は、フォン・ノイマンに恐怖を抱くようになりました！」

『いかにして問題をとくか(How to Solve It)』

　1940年、ナチス・ドイツの迫害を逃れてアメリカのスタンフォード大学

に移籍したポリアは、1985年に逝去するまで、数学ばかりでなく、哲学や教育学に関わる興味深い考察を発表し続けた。なかでも彼が1945年に上梓した『いかにして問題をとくか（How to Solve It）』は、世界17カ国で翻訳され100万冊以上が発行されたベストセラーであり、今も世界で輝き続ける古典的名著である。

　私は、ポリアがこの本を書いた動機は、ノイマンにあったのではないかと想像している。誰にも解けない問題を簡単に解くノイマンのような天才がいる。なぜノイマンには解けるのか、ポリアは20年考え続けた。そして、本書で史上初めて「数学の問題を解くとはどのようなことか？」を解明したのである！

　ポリアが注目したのは、「ヒューリスティック」（→93ページ）あるいは「発見的手法」と呼ばれる概念である。演繹的な数学の背景に、実は帰納的なパターン化、アナロジーや逆方向推論などが潜んでいた。ポリアは、本書でそれらの概念を詳細に分析し、**具体的に「いかにして問題をとくか？」の4つのステップを明らかにする。**

- **ステップ1：問題の全体像をよく理解すること**（まず問題が何なのか、その全体像を明らかにしなければならない。全体像が不明確な問題には答えようがないからである）。
- **ステップ2：解答するために計画を立てること**（具体的な計画なしに、目の前にある問題に取りかかっても解答には到達しない）。
- **ステップ3：計画を実行すること**（目の前にある問題が解けなかったら、それと似た別の問題を考えてみる。遠回りをしているように映るが、実は「直接超えられない障害を迂回する」という優れた方法である）。
- **ステップ4：得られた解答を検討すること**（結果を再検討することによって、知識を確実なものとして、さらに問題解決能力を身に付ける）。

　これらのステップは、数学だけではなく、あらゆる問題に有効である！

第 2 章

詐欺に
騙されないためには？

応用

白黒論法

Black and White Reasoning

[「白黒論法」とは何か？

　一般に、物事をはっきりさせるために「白か黒か決着をつけよう」などと言うことがある。相撲には「星取表」があるが、この表には勝てば「白星」、負ければ「黒星」が書き込まれる。類似した表は、囲碁や将棋をはじめとする多くの対戦型ゲームで用いられている。

　このように、**結論を「白」か「黒」かのどちらかに二分させる思考法を「白黒論法」あるいは「二分法」と呼ぶ。**

　ところが、実は「白か黒しかない」という思考法は、論理的には完全に間違っている。というのは、碁石のように白石か黒石しか存在しない特殊な状況を除き、「白」の反対は「黒」ではないし、「黒」の反対は「白」ではないからである。

　論理的に正確に言うと、**「白」の否定は「白ではない」であり、「黒」の否定は「黒ではない」である。**それにもかかわらず、「白か黒しかない」と判断を誤って二分させてしまうのが「白黒論法」である。霊感商法などの詐欺師は、この錯覚を利用して、顧客に「白」か「黒」しか選択の余地がないように誘導することが多い。

　あるいは、自分自身で「白か黒しかない」と思い込み、自分を追い込んで苦しみ悩む完全主義的な人もいるので、注意が必要である。

　論理的には「白である」と「黒である」という2つの命題を組み合わせると、「白であり黒でもある」「白であり黒ではない」「白ではなく黒である」「白で

も黒でもない」の4通りの組み合わせが生じる。ここで「白であり黒でもある」と「白でも黒でもない」をどのように解釈するかは状況によって異なってくる。

　一般に用いられる「イエスかノーか」「勝つか負けるか」「善いか悪いか」なども、すべて論理的に間違った「白黒論法」である。

「敵か味方か」という二分法も、「敵であり味方でもある」「敵であり味方ではない」「敵ではなく味方である」「敵でも味方でもない」の4通りの組み合わせが生じる。ここで見失いがちな「敵であり味方でもある」選択肢と「敵でも味方でもない」選択肢を解釈し考察することによって、局面に新たな展開が浮かび上がることも多い。

　2017年7月、安倍晋三元首相は、演説中に批判的なヤジを飛ばした聴衆に「こんな人たちに負けるわけにはいかない」と発言し、大きな批判を浴びた。一国の首相には賛否を問わず幅広い見解に耳を傾ける懐の深さが求められるにもかかわらず、安倍氏が国民を「敵か味方か」と対極化して扱ったからである。

「白黒論法」の背景にある論理的な構造を理解して、「白黒論法」の罠に陥らないようにしてほしい。

あなたは、高層ビル建設計画に賛成ですか、反対ですか？

　日常的な事例で考えてみよう。X氏の住む家の近所で、40階建て高層ビルの建設計画が持ち上がっている。ビルが完成すれば、スーパーやカフェなどの店舗が入るため、近隣住民の暮らしが便利になると宣伝している。そのため、このビルの建設を楽しみにしている住民も少なからず存在する。

　しかし、高層ビルが建つと、多くの住宅で太陽光が遮られ、日陰になってしまう。日当たりが悪くなれば、洗濯物が乾き難く、光熱費が嵩み、健康上の被害が出る可能性もある。そのため、一部の近隣住民たちは、建設中止を求める反対運動を起こそうとしている。

　X氏は、ちょうど高層ビルの陰に隠れる地域に住んでいる。そこでX氏は、

高層ビルによって太陽光が遮られる際のデメリットと、高層ビルによって生活が便利になるメリットを天秤にかけて、「自分は、高層ビルの建設に、賛成と反対のどちらの立場をとるべきか？」と悩んでいる。

ここでX氏の考えていることに、何かおかしな点はあるのだろうか？

X氏は、建設計画に「賛成か反対か」のどちらかを選ばなければならないと考えている。このように「賛成」か「反対」のどちらかしかないと想定している時点で、すでにX氏は「白黒論法」に陥っているのである。

実は、**論理的には、X氏には2つではなく4つの選択肢がある。** なぜなら、X氏は「建設に賛成するか、しないか」と「建設に反対するか、しないか」のそれぞれを選択できるため、結果的にX氏の選択肢は、これらを組み合わせた4通りになるからである。

▌選択肢は4通りある

ケース	建設に賛成する	建設に反対する
1	○	○
2	○	×
3	×	○
4	×	×

「ケース1」は、「賛成する・反対する」場合である。たとえばX氏は、建設自体には賛成するが、建設計画の具体的な内容には反対しているとしよう。もし40階建てビル計画が35階建てビル建設計画に変更されれば、X氏宅は太陽光が遮られる心配がなくなり、問題自体が解消するかもしれない。

「ケース2」は、「賛成する・反対しない」場合で、いわゆる通常の「賛成」を指す。

「ケース3」は、「賛成しない・反対する」場合で、いわゆる通常の「反対」を指す。

「ケース4」は、「賛成しない・反対しない」場合である。たとえば、X氏が

4つの選択肢を図解にしてみると…

	建設に反対しない	建設に反対する
建設に賛成する	ケース2　建設に賛成	ケース1　建設計画の変更を希望
建設に賛成しない	ケース4　無関心	ケース3　建設に反対

Xさんが高層ビルの建設に「賛成するか・しないか」「反対するか・しないか」に分けて考えると生じる4つの選択肢。
Xさんがもともと考えていたケース2とケース4以外にも、
ケース1とケース4が生じている。

太陽光にも新店舗にも興味がなく、高層ビルの建設計画そのものに関心がないような場合である。

　X氏が近隣住民から「賛成か反対か決めてください」と迫られると、「ケース2」か「ケース3」から選択しなければならないと勘違いしがちである。しかし、現実問題はそれほど単純ではない。ここで見落としがちな「ケース1」と「ケース4」が存在することに気づいてほしいわけである。

「白黒論法」の危険性

　すでに述べたように、完全主義的な傾向がある人は「白黒論法」に陥りやすいので、とくに注意が必要である。「勝つか負けるかしかない」「善か悪しかない」「いい人か悪い人しかいない」などは、すべて論理的に間違った「白

黒論法」である。

　たとえば、アスリートが「この大会で優勝できなければ、これまでの努力は水の泡だ」と考えるのも、一種の「白黒論法」である。冷静に考えれば、「優勝できなかったとしても、これまでの努力は水の泡にはならない」はずだが、それが見えなくなってしまうのである。

　また、学生に対する教師や、子どもに対する親が「白黒思考」を強いていることはないだろうか。たとえば、テストで100点満点の場合のみ褒められ、100点でなければ非難される子どもは、テストで100点満点でなければ失敗だという「白黒論法」に陥ってしまう。「100点を取れなくても失敗ではない。次でがんばってみよう」と認識させて励ます姿勢が大切だろう。

　ついでに、カタギの世界からヤクザの世界に足を踏み入れる人間は、「親子盃」の儀式を行う。そこで「実の親があるにもかかわらず、今日ここに親子の縁を結ぶからには、親が白といえば黒いものでも白と言い……」という口上を述べる。

　つまり、親分が白と言えば白、黒と言えば黒になるわけで、子分は何も考えずに絶対服従する。これはヤクザ社会に限らず、教祖に絶対服従する信者や、社長に絶対服従する会社員も、同じように自分からロボットになっているわけである。

　このように何かを妄信して絶対服従する場合は、「白黒論法」以前の「思考放棄」である。こうなると、もはや「論理的思考」以前の段階と言わざるを得ない。

　ここまで述べてきた「白黒論法」について、読者も具体例を探してみてほしい。よく考えてみると、さまざまな局面で読者自身が自分でも気がつかない内に「白黒論法」に陥っている可能性に気づくはずである。

　相手が二分法を押し付けてきた場合、命題を整理すると実際の組み合わせは2通りではなく4通りであることが多い。この点を理解するだけでも、スムーズで建設的なロジカルコミュニケーションを行うことができるはずである。

命題

Proposition

「命題」と「真偽」の意味

　論理学で使う基本的な用語に「命題 (proposition)」がある。**一般に「命題」とは、「真 (true)」か「偽 (false)」か、どちらかを判断することのできる事実**を指す。

　たとえば「1+1=2」は「真の命題」であり、「1+1=3」は「偽の命題」である。「2025年1月1日は水曜日である」は「真の命題」であり、「2025年1月1日は日曜日である」は「偽の命題」である。「日本の首都は東京である」は「真の命題」であり、「日本の首都は博多である」は「偽の命題」である。

　ここで、「命題」とは、文章や発言ではなく、真か偽を決定できる事実そのものであることに注意してほしい。

　たとえば、「2001年1月1日は月曜日である」という事実がある。この事実は、「21世紀最初の元日は月曜日である」と言い換えることができるし、日本語でなく英語やフランス語やドイツ語で表現することもできる。したがって、論理学の世界では、その煩雑さを避けるために、「P」のような記号で「2001年1月1日は月曜日である」という事実そのものを表現する。

　日常会話の多くの文章や発言は、「命題」を表現しない。たとえば、「あなたの名前は何ですか？」のような「疑問文」、「なんて美しい花だろう！」のような「感嘆文」、「コーヒー持ってきて」のような「命令文」は、どれも真か偽を決定できる事実を表現していないから、命題ではない。「こんにちは」や「さようなら」の「挨拶語」も、コミュニケーションを円滑にするために用いられるが、これらも真偽とは無関係なので命題ではない。

命題とは何か？

命　題	
YESかNOがはっきりと決まる式や文のこと	
真	偽
1+1=2	1+1=3
2025年1月1日は水曜日である	2025年1月1日は日曜日である
日本の首都は東京である	日本の首都は博多である
2001年1月1日は月曜日である	2001年1月1日は火曜日である
21世紀最初の元日は月曜日である	21世紀最初の元日は火曜日である

命題ではないもの

「あなたの名前は何ですか？」（疑問文）
「なんて美しい花だろう！」（感嘆文）
「コーヒー持ってきて」（命令文）
「こんにちは」「さようなら」（挨拶語）

火星の地下に
ダイヤモンドが存在する

現在は真偽不明だが、
将来的に明らかになると考え、
命題とみなす。

　何を基準に真と偽を定めるのだろうか。ここでは、**命題を表す文章や発言が事実と一致すれば真であり、事実と一致しなければ偽であるという「真理の対応理論」と呼ばれる**論理学の考え方を適用している。

　たとえば「2001年1月1日は月曜日である」という命題は、カレンダーで真偽を確認できるし、「ディズニーランドは舞浜にある」という命題は、実際に舞浜に行ってみれば真偽を確認できるだろう。

　それでは、「火星の地下にダイヤモンドが存在する」という文は、命題を表しているだろうか？

　現時点で人類は火星に到達していないし、火星の地下を採掘したこともない。したがって「火星の地下にダイヤモンドが存在する」が真なのか偽なのか、現時点では誰も知らない。ただし、これが事実であるか否かは、いずれ将来には明らかにされると考えられる。というわけで、この文も命題を表しているとみなすことができる。

排中律

Law of the Excluded Middle

「命題論理」と「排中律」の意味

「命題」の関係を研究する学問分野を「命題論理」と呼ぶ。たとえば、Pが命題であれば「Pではない」も命題である。このとき、Pが真ならば「Pではない」は偽であり、Pが偽ならば「Pではない」は真であることも明らかだろう。

また、PとQが命題であれば、「Pであり、かつQである」も命題である。この命題は、Pが真であると同時にQが真であるときに限って真であり、それ以外の場合は、偽と定義される。

同じように、PとQが命題であれば、「PであるかΔ、またはQである」も

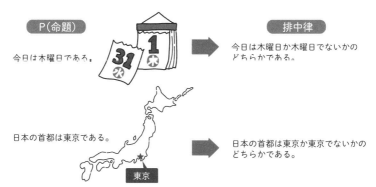

排中律とは？
Pが命題であれば、「PまたはPではない」と必ず成立する命題のこと。

命題である。この命題は、Pが偽であると同時にQが偽であるときに限って偽であり、それ以外の場合は、真と定義される。

命題論理の最も基本的な法則の一つに、**Pが命題であれば、「Pであるか、Pでないかのどちらかである」という「排中律」と呼ばれる法則**がある。

たとえば、Pが「今日は木曜日である」という命題であれば、「今日は木曜日か木曜日でないかのどちらかである」という排中律が常に成立する。Qが「日本の首都は東京である」であれば、「日本の首都は東京か東京でないかのどちらかである」という排中律が常に成立する。**排中律のように常に成立する命題のことを、論理的に「恒真」な命題と呼ぶ。**

男か女か？

もう十分理解していただけたと思うが、ここでもう一度読者に考えていただこう。

Yが人間であるとする。「Yは男か女のどちらかである」という命題は、常に成立するだろうか？　答えは「ノー」である。排中律が成立するのは「PまたはPでない」場合であって、「PまたはQである」のように異なる二つの命題を組み合わせると、論理的に恒真となるとは限らない。

つまり、「Yは男か男でないかのどちらかである」あるいは「Yは女か女でないかのどちらかである」は論理的に恒真だが、「Yは男か女のどちらかである」は論理的に恒真ではないのである。

よくある質問に、ヒトは性染色体がXY型かXX型であるかによって生物学的に「男性」と「女性」に区別されている以上、男でなければ女に決まっているではないか、というものがある。

たしかに、男と女をそのように生物学的に定義付けることは可能であり、他にもさまざまな方法で男と女を定義することができるだろうが、事前にそのような前提が与えられていない以上、それは一つの勝手な思い込みだということになる。論理的には、P＝「Yは男である」とQ＝「Yは女である」は、それぞれが異なる命題であり、これらを組み合わせると、次ページのように

4通りの可能性が生じる。

「ケース1」は、Yが男であると同時に女であることを示している。実際に、Yが両性具有者や性同一性障害者だとすると、性染色体や性器形状による生物学的特性だけで単純に男か女かを判別することはできない。

考えうる人物Yの性別の可能性

ケース	Yは男である	Yは女である
1	○	○
2	○	×
3	×	○
4	×	×

「ケース2」は、Yが男であり女ではない場合で、いわゆる一般の男性を指す。

「ケース3」は、Yが男ではなくて女である場合で、いわゆる一般の女性を指す。

「ケース4」は、Yが男でなく女でもないことを示している。性別の確定する前の胎児をヒトとみなせば、このケースに相当する。あるいは、古代中国の宦官のような実例を考えることもできる。宦官は去勢されることによって男性機能を失っているが、かといって女性というわけでもない。

要するに、「男か女か？」のような選択を考えると、「ケース2」と「ケース3」の二者択一しかないと思い込まれがちだが、論理的には「ケース1」も「ケース4」も存在するわけである。この事例の構造は、「高層ビル建設計画に賛成か反対か？」とまったく同じである。

社会で最も基本的に用いられている「イエスかノーか」という二分法も、論理的に必ずしも成立しないことは明らかだろう。この場合、「イエスかイエスでないかのどちらかである」あるいは「ノーかノーでないかのどちらかである」は論理的に恒真だが、「イエスかノーのどちらかである」は論理的に恒真ではない。

ここで見失いがちな**「イエスでもノーでもある」選択肢と「イエスでもノーでもない」選択肢を考察することによって、局面に新たな展開が浮かび上がることも多い。**このように論理的にすべての可能性を考慮することによって、むしろ見解が広がることに気づいてほしい。

二分法の詐欺

The Deception of Dichotomy

選択肢は2つしかない？

　逆に、**実際には4通りの選択肢があるにもかかわらず、「白黒論法」により2通りしかないように思い込ませて、最終的に思い通りの方向に誘導する一種の「詐欺の論法」**をよく目にする。

　たとえば、「戦争を賛美しなければ非国民である」や「私と結婚してくれなければ死んでやる」などの二分法は、典型的な詐欺の論法である。

　仮に新興宗教団体の信者が近づいてきて、「あなたは今のままでは不幸になるが、この壺を持っていれば救われる。だから、この壺を買いなさい」と言ってきたら、読者はどうすればよいだろうか。

　この種の選択を強いられたら、次のように問題を整理してほしい。
「私は、壺を買うか、買わないか、どちらかしかない。また、不幸になるか、ならないか、どちらかしかない。ところが、ここには命題が2つあるから、組み合わせは4通りになるのである。

　この信者は、私が壺を買えば不幸にならないが、買わなければ不幸になると二者択一を迫っている。しかし、論理的には、私が壺を買っても不幸になるケースと、壺を買わなくとも不幸にならないケースがある。そして、私は壺を買わなくとも不幸にならない

信者が提示した選択肢

ケース	壺を買う	不幸になる
1	○	×
2	×	○

つもりだから、壺は買わない！」

　このように論理的に整理して考えれば、この信者の主張する二者択一が間違っていることは明らかだろう。あまりにも簡単な「引っ掛け」なので驚かれるかもしれないが、これが実際に霊感商法などのプロの手にかかると、顧客は右の表の「ケース2」か「ケース3」の2つの選択肢しか見えないようになり、結果的に「不幸にならないためには壺を買うしかない」という信者に都合のよい結論に誘導されてしまうのである。

　もちろん、このような状況において、最終的に壺を買うのも買わないのも、あるいは新興宗教を信仰するのもしないのも、本人の自由である。ただし、論理的に4つの選択肢があることを明確に理解した上で「ケース2」を選択する場合と、2つの選択肢しかないと誘導され、あるいは脅されるままに「ケース2」を選択する場合では、まったく選択の意味が異なることに注意してほしい。

実際には4つの選択肢がある

ケース	壺を買う	不幸になる
1	○	○
2	○	×
3	×	○
4	×	×

特殊な環境で感情を揺さぶられると、
普段冷静な人もあり得ない選択をすることも

株式コンサルタント
の詐欺

Stock Consultant Fraud

的中率100％の株式コンサルタント？

　日曜日の夜、見知らぬ「X株式コンサルタント」からメールが届いた。「月曜日にはA社の株が騰がる」と書いてある。事実、月曜日にA社の株は騰がった。

　月曜日の夜、「X株式コンサルタント」からメールが届いた。「火曜日にはB社の株が下がる」と書いてある。事実、火曜日にB社の株は下がった。

　火曜日の夜、「X株式コンサルタント」からメールが届いた。「水曜日にはC社の株が騰がる」と書いてある。事実、水曜日にC社の株は騰がった。

　水曜日の夜、「X株式コンサルタント」からメールが届いた。「木曜日にはD社の株が騰がる」と書いてある。事実、木曜日にD社の株は騰がった。

　木曜日の夜、「X株式コンサルタント」からメールが届いた。「金曜日にはE社の株が下がる」と書いてある。事実、金曜日にE社の株は下がった。

　金曜日の夜、「X株式コンサルタント」からメールが届いた。「今週は特別に無料で月曜日から金曜日まで5日間の情報をお届けしました。ご検証いただいたとおり、我が社の予想は100％完全的中です。今後も我が社の情報で株式を取引されたら、簡単に億万長者になることができます。来週の予想からは有料になりますので、その料金を今すぐにお振り込みください」と書いてある。

　その予想料金はかなりの高額だが、これまでの完全的中を見てきた読者は、「X株式コンサルタント」の情報にかなり驚いている。読者は、来週からも

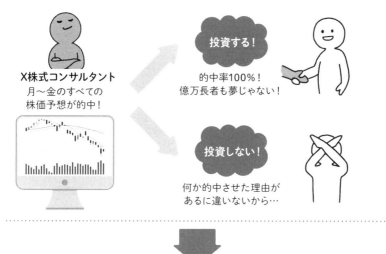

そもそも、「なぜ5日間連続で予想が的中したのか」を考えてみよう。

完全的中が続くと信じて、予想情報のために高額な料金を振り込んでよいのだろうか？

そこで「振り込む」と答えた読者は、大変な詐欺に引っ掛かっているので、要注意である。

実は、この話は「二分法」を用いた有名な「株式コンサルタントの詐欺」を紹介したものである。

この「株式コンサルタント」は、何らかの方法で株式取引を行っている個人投資家100人のリストを入手した。そして、日曜日の夜、半数の50人には「月曜日にはA社の株が騰がる」、半数の50人には「月曜日にはA社の株が下がる」とメールする。

この種の「二分法」を用いれば、常に半数のグループに対しては、予想を当てたという結果を「論理的」に導くことができる。しかも、その出発時点の母集団の人数が多ければ多いほど、何度でも続けて当たる人数を残すこと

的中率100%の詐欺の仕組み

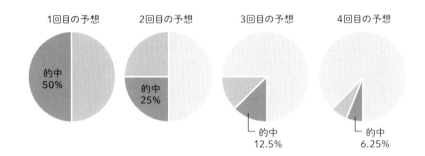

母集団の数が多ければ多いほど、続けて当たる人数が多くなる。

ができるわけである。

月曜日の夜、A社の株の動きを当てた50人の投資家に対して、今度は半数に「火曜日にはB社の株が騰がる」、半数に「火曜日にはB社の株は下がる」とメールする。

さらに火曜日の夜、A社とB社を続けて当てた25人の投資家のうち、半数にはC社の株が騰がる、半数にはC社の株が下がるとメールする。この時点で12～13人は3回続けて的中予想を聞く結果となる。

この方法を用いると、100人のうち3～4人は5回続けて的中予想を聞くことになるが、それは純粋に確率的にそれらの投資家のメール・アドレスが的中グループに入っていた結果にすぎない。

したがって、仮にこの「株式コンサルタント」の高額な予想情報を購入しても、翌週以降は、当たったり外れたりの不完全情報に戻ってしまうわけである。

アメリカでは、実際に株式や商品先物取引で大金を動かしている個人投資家が「二分法の詐欺」に騙されて詐欺師に数百万ドルを預けた結果、そのすべてを海外に持ち逃げされてしまったという実話がある！

「宝くじ」は「ほとんど詐欺」

"Lottery" is "Mostly a Scam"

「宝くじ」の意味

　現代社会における「くじ」は多種多様だが、その一例として「宝くじ」を考えてみよう。

　財団法人日本宝くじ協会によれば、宝くじは約46％が当選金として払い戻され、約40％が収益金として地方自治体に支払われ、約14％が印刷経費・売却手数料・宣伝費などに使用されている。

　ジャンボ宝くじ一枚を例に挙げると、価格300円のうち、当選金として購入者に払い戻されるのは138円で、残りの162円は自動的に地方自治体への寄付および経費として差し引かれるわけである。競馬・競輪・競艇・オートレースなど、いわゆる公営ギャンブルが約75％を的中者に払い戻している

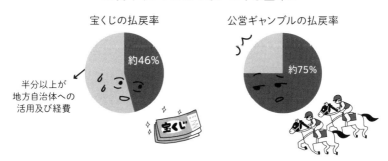

公営ギャンブルよりもアコギな宝くじ

宝くじの払戻率　　　公営ギャンブルの払戻率

約46％　　　約75％

半分以上が地方自治体への活用及び経費

のに比べても、宝くじは圧倒的に地方自治体が儲かる仕組みになっていることがわかる。

「宝くじは、当たるか当たらないかのどちらかである」だが…

　さて、ジャンボ宝くじの場合、番号が100000番から199999番の10万枚を1組として、001組から100組までの1000万枚を1ユニットとして販売している。2015年末に実施された第688回全国自治宝くじ（年末ジャンボ宝くじ）では、この1ユニットに1等（7億円）が1本、前後賞（1億5000万円）が2本、2等（1000万円）が10本、3等（100万円）が100本入っている。その次の賞金になると、4等（5万円）以下、大幅に金額が落ちる。

　つまり、大多数の宝くじ購入者が「夢を買う」という意味での1000万円以上の高額当選金は、1000万枚中に13本しかないわけだから、1枚買って高額当選金が当たる確率は0.00013％に過ぎない。仮に3万円で100枚を購入したとしても、0.013％に過ぎない確率である。逆に言えば、100枚購入したとしても、99.987％は高額当選金が当たらない。これは、「ほとんど不可能」な数値と言ってもよい。

　一般に「詐欺」とは、他人を欺き、騙すことによって「錯誤」に陥れ、金品を奪うことを指す。日本の刑法第二四六条には「人を欺いて財物を交付させた者は、十年以下の懲役に処する」という「詐欺罪」も制定されている。

　しかし、「ほとんど不可能」な高額当選金を売り物にするからといって、宝くじを「詐欺」だとは断定できない。なぜなら、宝くじが「100％当たらない」とは言い切れないからである。

　「宝くじは、当たるか当たらないかのどちらかである」という命題は、「論理的」には正しい。ただし、ここで注意しなければならないのは、「今日は、日曜日か日曜日でないかのどちらかである」という命題も同じように論理的に正しいが、日曜日だから正しい確率は7分の1にすぎず、日曜日でないから正しい確率は7分の6だという点である。

　ここで「宝くじは、当たるか当たらないかのどちらかである」という命

宝くじ高額当選への期待と現実のギャップ

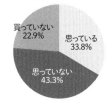

題は「イエスかノーか」のような二分法を連想させるため、当たる確率も50％のように錯覚させる。実際に、2007年9月に実施されたYAHOO意識調査によれば、「いつかは自分がジャンボ宝くじで1億円以上を当てられる」と思っている回答が33.8％に上る（「ジャンボ宝くじ」で自分が億万長者になれると思う？　回答総数57,539）！

しかし、実際にジャンボ宝くじを買ったとしても、高額当選金が当たることは、まずない。YouTuberなどが、数千枚の宝くじを実際に購入して、何が当たるのかを見るようなイベントがあるが、どの場合も、ごく小額の当選金以外は戻ってきていない。

そもそも1000万分の1が当たる確率とは、サイコロを振って10回連続して同じ目が出る程度の確率である。あるいは、5万人で超満員の東京ドームが200ヵ所あるとして、その1ヵ所の1人だけがホームランボールを受け取る方がイメージしやすいだろうか。人生において雷に打たれる確率もおよそ1000万分の1と言われている。

つまり、**高額当選金を目当てに宝くじを購入することは、「詐欺」だとは断定できないが、「限りなく詐欺に近い話」に引っ掛かること**といえる。これに加えて、「大安吉日」あるいは「一粒万倍日」だから「宝くじ」を買おうという宣伝になると、もはや「限りなく詐欺に近いオカルト話」とでも言えばよいのだろうか。

否定「Pではない」
(¬P)

Negation

論理的結合子1：否定「Pではない」(¬P)

日常言語では、文と文を「接続詞」で結合させて文章を膨らませている。それを論理的に厳密に考えてみよう。**命題と命題を結合させるのが「論理的結合子 (logical connectives)」**である。

すでに述べたように、Pが命題であれば「Pではない」も命題である。論理学では「Pではない」をPの「否定（negation）」と呼び、記号では「¬P」のように表す。

このとき、Pが「真（T: True）」であれば「Pではない」は「偽（F: False）」であり、Pが偽であれば「Pではない」は真であることは明らかだろう。

このように、**「命題」と「論理的結合子」を組み合わせて、可能な「真理値」(TかF) の情報をすべて記入した表を「真理表（truth table）と」呼ぶ。**

たとえば、P＝「今日は日曜日である」とすると¬P＝「今日は日曜日ではない」である。

P＝「今日は日曜日である」が真（T）であれば¬P＝「今日は日曜日ではない」は偽（F）であり、P＝「今日は日曜日である」が偽（F）であれば¬P＝「今日は日曜日ではない」は真（T）である。

ここで注意してほしいのは、**Pと¬Pが必ずしも対等ではない**という点である。

たとえば、P＝「今日は日曜日である」であれば、Pを真にさせるためには、

Pと¬Pの真理表

P	¬P
T	F
F	T

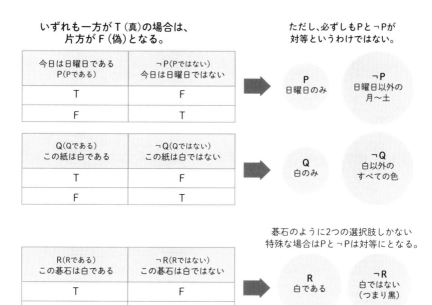

今日は日曜日でなければならない。ところが、¬P＝「今日は日曜日ではない」を真にさせるためには、今日は月曜日・火曜日・水曜日・木曜日・金曜日・土曜日のどれでもかまわない。つまりPは1通りしかないが、¬Pには6通りの可能性があることになる。

Q＝「この紙は白である」であれば、Qを真にさせるためには、この紙は白でなければならない。ところが、¬Q＝「この紙は白ではない」を真にさせるためには、この紙が白以外の赤・青・黄・緑色など、実際には無数の白以外の色でかまわないわけである。

R＝「この碁石は白である」とすると、¬R＝「この碁石は白ではない」となり、それはすなわち「この碁石は黒である」になる。碁石には「白」か「黒」しかないため、白でなければ黒、黒でなければ白が成り立つためである。このように特殊な条件を満たす場合に限って、Rと¬Rは対等になる。

連言「PかつQ」
(P∧Q)

Conjunction

論理的結合子2：連言「PかつQ」(P∧Q)

　PとQが命題であれば、「PかつQ」も命題である。論理学では**「PかつQ」をPとQの「連言(conjunction)」と呼び、記号では「P∧Q」のように表す。**この命題は、Pが真であると同時にQが真であるときに限って真であり、それ以外の場合は、偽と定義される。

　たとえば、P＝「今日は月曜日である」、Q＝「今日は論理学の授業がある」であれば、「PかつQ」は「今日は月曜日であり、かつ今日は論理学の授業がある」になる。

▍連言「PかつQ」の真理表

P	Q	P∧Q
T	T	T
T	F	F
F	T	F
F	F	F

　この「PかつQ」という命題は、P＝「今日は月曜日である」が真であり、Q＝「今日は論理学の授業がある」も真である場合に限って真になる。つまり、今日が月曜日であり、論理学の授業がある場合に限って真になり、それ以外の場合は偽になる。

　さて、世界の多くの国々では「筆記試験」と「実技試験」の両方に合格しなければ、運転免許証を取得できないのが普通である。論理的には、P＝「筆記試験に合格する」かつQ＝「実技試験に合格する」の両方を満たす場合に限って、運転免許証を取得できることになる。

別の例を挙げよう。もし医者から「薬Pかつ薬Qを朝食後に飲んでください」と指示されたら、患者は薬Pと薬Qの両方を朝食後に飲まなければならない。薬Pだけ、あるいは薬Qだけを飲んでも不十分である。もちろん、両方を飲まない場合も不十分であることは明らかだろう。

要するに「**PかつQ**」を成立させるためには、PとQの両方が真でなければならないのである。

リンダ問題

ここで読者に次の問題を考えてほしい。
リンダという女性がいる。彼女は、31歳で独身である。非常に聡明で、ハッキリとものを言う性格である。大学時代は哲学を専攻し、とくに社会における正義と女性差別の問題を追究してきた。実際の社会活動にも深く関わり、核兵器廃絶のデモに参加したこともある。さて、リンダの現在を推測する場合、どちらの可能性が高いだろうか?

A:「リンダは銀行の窓口係である」
B:「リンダは銀行の窓口係であり、フェミニスト活動家である」

この問題を論理的に分析してみよう。
ここでP＝「リンダは銀行の窓口係である」、Q＝「リンダはフェミニスト活動家である」とおくと、A＝「P」であり、B＝「PかつQ」であることがわかる。

つまり、BはAに含まれる（集合論をご存じであれば「BはAの部分集合」）わけだから、明らかにBよりもAの可能性のほうが高い。したがって、解答は「Aの可能性が高い」となる。

論理的に「P」、「PかつQ」、「PかつQかつR」と連言が増えていけばいくほど選択肢の数が狭まることは、ネットの「検索」を考えてみるとわかりやすいだろう。

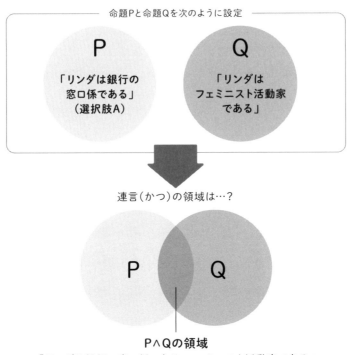

 たとえば、ネットの検索で「レストラン」、「銀座にあるレストラン」、「銀座にあるイタリアンのレストラン」と絞り込んでいけばいくほど、選択肢の数が減っていくことは、読者が何度も経験しているはずである。
 逆に言えば、リンダ問題では「銀行の窓口係」の方が「銀行の窓口係かつフェミニスト活動家」よりもはるかに可能性が高いわけである。
 ところが、実際に大学の授業で尋ねてみると、Bの可能性の方が高いと錯覚してしまう学生が多い。数学が得意なはずの理学部や工学部の学生でさえ

間違うことが多いのだが、それはなぜだろうか？

その理由は、人間の判断に潜む「代表的ヒューリスティック」にあると考えられる。**「ヒューリスティック」とは「発見的手法」という意味だが、非常に単純化してわかりやすくいうと、いわゆる「直感」のことである。**

たとえば、読者が初対面の人物と会った際、この人は信用できそうだとか、逆に信用できないのではないかなどと「直感的」に判断することがあるだろう。なぜか言葉ではうまく明確に表現できないが、読者は、これまでの経験から「直感的」つまり「ヒューリスティック」に相手を判断しているわけである。

そして、この「ヒューリスティック」な判断が必ずしも正しいとは限らないことも、読者はよくご存じのはずである。初対面では信用できると思った

ヒューリスティックとは？

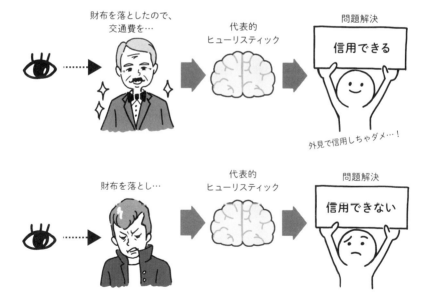

論理的なプロセスではなく直感に従った問題解決のためのショートカット。
中でも、とくに対象の代表的な性質に着目して判断することを「代表的ヒューリスティック」と呼ぶ。

人が、実はそうではないことがあるだろうし、その逆もよく起こり得る現象だからである。

「代表的ヒューリスティック」とは、あるカテゴリーの中から「代表的」な要素を見つけ出し、そこから「ヒューリスティック」に判断する考え方を意味する。

リンダの紹介文を読んで、リンダの人格を「代表」する特徴として「社会における正義」や「女性差別の問題を追究」というイメージを抱いた読者は、現在のリンダが「フェミニスト活動家」であることに相応しいという「直感」を抱くようになる。

つまり、論理的思考よりも「代表的ヒューリスティック」を優先させた結果、論理的には間違っているBを選んでしまうわけである。

ちなみに、初対面の相手があまりアイコンタクトを取らないと、その相手は信用できないというイメージを抱く読者がいるかもしれない。しかし、この種の「非言語コミュニケーション」(→63ページ)には、生まれ育った文化圏の影響が大きいことを事前に理解しておくべきだろう。

すでに述べたように、アメリカやヨーロッパの国々では、話している間、基本的にずっと相手の目を見て、聞いている姿勢を示す必要がある。しかしアジア圏では、必ずしもそこまでアイコンタクトを重視する習慣はない。とくに、タイやシンガポール、ベトナムやラオスなどでは、尊敬する相手や女性の目を直視することがタブーであり「伏し目がちにする」ことこそが礼儀正しいとみなされている。

一般にアメリカ人は、初対面の際、比較的アイコンタクトを取らないアジア圏の人々に対して、「裏がありそう」「腹黒い」「何を考えているのかわからない」といった先入観を持つ傾向の強いことが統計的に指摘されているが、これも一種の「代表的ヒューリスティック」といえるだろう。

選言「PまたはQ」
(P∨Q)

Disjunction

論理的結合子3：選言「PまたはQ」(P∨Q)

　PとQが命題であれば、「PまたはQ」も命題である。**論理学では「PまたはQ」をPとQの「選言(disjunction)」と呼び、記号では「P∨Q」のように表す。**この命題は、Pが偽であると同時にQが偽であるときに限って偽であり、それ以外の場合は、真と定義される。

▎選言「PまたはQ」の真理表

P	Q	P∨Q
T	T	T
T	F	T
F	T	T
F	F	F

　たとえば、P =「彼は数学科の学生である」、Q =「彼は哲学科の学生である」であれば、「PまたはQ」は「彼は数学科の学生であるか、または哲学科の学生である」になる。

　この「PまたはQ」という命題は、P =「彼は数学科の学生である」が偽であり、Q =「彼は哲学科の学生である」も偽である場合に限って偽になる。つまり、彼が数学科の学生ではなく、哲学科の学生でもない場合に限って偽になり、それ以外の場合は真になる。

　つまり、彼は数学科か哲学科か、どちらかの学科の学生であれば、「PまたはQ」は成立することになる。それでは、彼が数学科の学生であり、哲学科の学生でもある場合はどうなるだろうか？

　日本では、数学科は理学部、哲学科は文学部に配置されていることが多い

ため、その両方に在籍することはできないのが普通である。ところがアメリカの大学では「文理学部（College of Arts and Sciences）」に数学科と哲学科が含まれているため、その両方の学科に在籍することが可能である。実際に、私はアメリカの大学で数学科と哲学科の両学科に在籍し、両専攻（double major）で卒業した。

というわけで、要するに論理学における「PまたはQ」は、PかQのどちらか一方、あるいは両方が真の場合に真と定義されるのだが、これは**日常言語の「または」の意味と必ずしも合致していない**ことに注意が必要である。

「ビーフまたはチキンからお選びください」

読者が国際線の飛行機に乗ってヨーロッパに出掛けるとしよう。機内食の案内に来たキャビン・アテンダントが「お食事は、ビーフまたはチキンからお選びください」と言ったとする。

論理学における「ビーフまたはチキン」は、どちらか一方を満たしても両方を満たしても「真」である。したがって、読者が「私はビーフとチキンの両方が欲しい」と答えたらどうなるだろうか？

これは、実際にキャビン・アテンダントとして就職した卒業生から聞いた話だが、時折、このように「両方」を注文する乗客に遭遇するそうだ。その都度、他の客と公平に扱うため「申し訳ございませんが、どちらか一つをお選びください」と答えることになっているという。ただし、機内食に余りが出た場合には、後で余分の機内食をサービスすることもあるそうだ。

論理学で用いている**「PまたはQ」（P∨Q）を「両立的選言（inclusive disjunction）」と呼ぶ**。これはPとQの両方が成立する際にも「真」と判断するからである。

一方、**PとQの両方の成立を「真」と認めずに「偽」と判断する立場の「PまたはQ」（P∨Q）を「排反的選言（exclusive disjunction）」と呼ぶ。**

なお、「排反的選言」には記号「V̲」（∨に下線）が用いられる。

実は、考えてみると驚くべきことなのだが、論理的には2種類の「または」が存在するにもかかわらず、日常言語では日本語でも英語でも「常識的」にそれらを区別して使っているのである！

レストランで、ウエイトレスに「コーヒーまたは紅茶をどうぞ」と言われたら、それは「排反的」にどちらか一つを選ぶというのが常識である。そこで「コーヒーも紅茶もください」という客は、非常識とみなされるのが普通だろう。

ところが、ウエイトレスが「砂糖またはミルクをどうぞ」と言えば、その場合は「両立的」である。なぜなら、砂糖とミルクの両方をコーヒーに入れる客も普通に存在するからである。

仮に誰かが「PまたはQと交際する」と言えば、常識的には排反的にどちらか一人と交際するという意味を指すが、中には二股をかけて「両立的」に

排反的選言の真理表

P	Q	P∨Q
T	T	F
T	F	T
F	T	T
F	F	F

「または」には2つの「または」がある

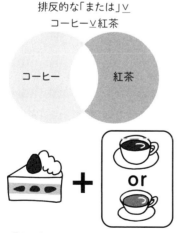

「ケーキセットにコーヒーまたは紅茶がつく」の「または」は排反的。

「コーヒーに砂糖またはミルクがつく」の「または」は両立的。

交際を成立させる人がいるかもしれない。要するに**「または」が「両立的」か「排反的」なのかは文脈によって異なってくる**わけである。

「排反的選言」を論理的結合子で表すにはどうすればよいか？

さて、ここで読者には、「排反的選言」を「¬」と「∧」と「∨」の3つの論理的結合子だけで表してほしい。

まず「排反的選言」で大事なことは、PかつQが成立する事態を避けることである。したがって、「(PかつQ)ではない」つまり「¬(P∧Q)」を成立させなければならない。

ちなみに英語では「(PかつQ)ではない」はthat節を用いて「It is not the case that P and Q」のように表現できるので、論理構造が見えやすい。

ここで「両立的選言」の「(P∨Q)」が成立し、かつ「¬(P∧Q)」も成立すれば、「排反的選言」の出来上がりになる。

つまり「排反的選言」は、論理的結合子のみを使って表現すると、「(PまたはQ)かつ[(PかつQ)ではない]」(P or Q and it is not the case that P and Q)になる。

記号が並んで複雑に見えるかもしれないが、この表現によって論理的に厳密に「排反的選言」を表現できることに注意してほしい。

¬(P∧Q)の真理表

P	Q	¬(P∧Q)
T	T	F
T	F	T
F	T	T
F	F	T

排反的選言の論理的結合子による真理表

P	Q	(P∨Q)∧¬(P∧Q)
T	T	F
T	F	T
F	T	T
F	F	F

ド・モルガンの法則

DeMorgan's Law

ド・モルガンの法則（DeM）

¬（P∧Q）は¬P∨¬Qと同値である。

¬（P∧Q）＝¬P∨¬Qの真理表

P	Q	¬（P∧Q）	¬P∨¬Q
T	T	F	F
T	F	T	T
F	T	T	T
F	F	T	T

¬（P∨Q）は¬P∧¬Qと同値である。

¬（P∨Q）＝¬P∧¬Qの真理表

P	Q	¬（P∨Q）	¬P∧¬Q
T	T	F	F
T	F	F	F
F	T	F	F
F	F	T	T

「(PかつQ) ではない」(It is not the case that P and Q) は、「Pではないか、またはQではない」(Either not P or not Q) と同値である。

「(PまたはQ) ではない」(It is not the case that P or Q) は、「Pではなく、かつQでもない」(Neither P nor Q) と同値である。

ここで「同値」というのは、PとQのすべての組み合わせに対して、まったく同じ真理表が成立することを意味する。

<u>「ド・モルガンの法則」は、「否定」と「連言」と「選言」の組み合わせで生じる誤読や誤解を避けるために有用</u>なので、その論理構造を覚えておくと、大いに役立つはずである。

否定と連言と選言の組み合わせ

日常言語では曖昧になりがちな「〜でない (否定)」と「かつ (連言)」と「または (選言)」の組み合わせが、論理的結合子を用いると論理的に厳密かつ明快に表現できることをご理解いただけたと思う。

「記号は苦手」とおっしゃる読者もいるかもしれないが、算数の「＋」や「×」記号が日常生活で役立つように、落ち着いて理解すれば、論理的結合子も非常に有用なので、ぜひ活用していただきたい。

ド・モルガンの法則をベン図で表すと…

(PかつQ)ではない ¬(P∧Q)		Pではない ¬P	または ∨	Qではない ¬Q
P Q	＝	P Q	＋	P Q

(PまたはQ)ではない ¬(P∧Q)		Pではない ¬P	かつ ∧	Qではない ¬Q
P Q	＝	P Q	✕	P Q

式の左右の領域(背景のグレー部分)の面積が同じであることがわかる。

条件「もしPならばQ」
(P ⇒ Q)

Conditional

論理的結合子4：条件「もしPならばQ」(P⇒Q)

PとQが命題であれば、「もしPならばQ」(if P then Q; P implies Q) も命題である。論理学では**「もしPならばQ」をPのQに対する「条件 (conditional)」**と呼び、記号では**「P⇒Q」**のように表す。

この「もしPならばQ」という命題は、Pが真であると同時にQが偽であるときに限って偽であり、それ以外の場合は、真と定義される。

P⇒Qの真理表

P	Q	P⇒Q
T	T	T
T	F	F
F	T	T
F	F	T

たとえば、P=「今日は月曜日である」、Q=「今日は論理学の授業がある」であれば、「もしPならばQ」は「もし今日は月曜日であれば、論理学の授業がある」になる。

この「もしPならばQ」という命題は、P=「今日は月曜日である」が真であり、Q=「今日は論理学の授業がある」も真である場合には、真になることは明らかだろう。

また、この「もしPならばQ」という命題は、P=「今日は月曜日である」が真であり、Q=「今日は論理学の授業がある」が偽である場合には偽になる。つまり、今日が月曜日であるにもかかわらず、論理学の授業がない場合

には偽になることも、問題なく理解できるだろう。

　よく学生が混乱するのは、「P⇒Q」の真理表の3行目と4行目で、Pが偽の場合、Qが真であろうと偽であろうと「もしPならばQ」が真になってしまうという点である。

　わかりやすい具体例として、P＝「私はスーパーマンである」(偽)とQ＝「私は空を飛べる」(偽)を考えてみよう。この場合、「P⇒Q」は「もし私がスーパーマンだったら、空を飛べる」になる。

　この用法は、実は英語の仮定法で見慣れた「反事実仮定」であり、「If I were a superman, I could fly in the sky.」のように動詞が過去形に変化する(仮定法過去)。

　つまり英語話者の場合、「もし私がスーパーマンだったら(If I were a superman)」と発話した時点で「were」を用いているので、すでに「もちろんこれは、ありえない仮定だけどね」と示しているわけだが、日本語にはそのような動詞の変化がないので、混乱しやすいのかもしれない。

　実は、東京大学で「記号論理学」の授業を担当した際、「P⇒Q」の真理表の3行目と4行目を「T」にすることがどうしても納得できないという学生がいた。

　彼によれば、最初から「P」に「偽」を仮定している命題である以上、あくまで「P⇒Q」も「F」にするべきだというのである。

　そこで私は、彼に次のように言った。「なるほど、君の気持ちもわからなくはないんだけど、もしP⇒Qの3行目と4行目をFにしたら、どうなるか考えてごらん。君の論理体系は大変なことになってしまうんじゃないかな？」

　この東大生は「アッ！」と叫んで、すぐに間違いに気づいたが、読者はいかがだろうか？

　もうおわかりだと思うが、**仮に「P⇒Q」の3行目と4行目をFにしたら、その真理表は「P∧Q」と同値になってしまう**。つまり、この真理表に基づく論理体系では、「PならばQ」が「PかつQ」と同じ意味になってしまうわけで、これでは論理体系そのものが成立しないだろう。

■もし、「P⇒Q」の3、4行目をFにしてしまうと、「P∧Q」と同じになってしまう

P	Q	P⇒Qの3行目と4行目をFにする場合	P∧Q
T	T	T	T
T	F	F	F
F	T	F	F
F	F	F	F

自然言語と論理学

　ここで読者に理解していただきたいのは、そもそも人類の「自然言語」は数十万年前に発生し、気が遠くなるほどの長い年月をかけて洗練されてきた結果、ようやく数千年前の古代ギリシャ時代に、筋道の通った言語の用法を規定する「論理学」が生まれたという点である。

　つまり、**一般に「論理学」とは、できる限り「自然言語」に即して、論理的に筋道が通るように構成された「体系」**なのである。

　もちろん、20世紀に発生した「論理主義」のような考え方もある。「論理が世界を満たしている」という『論理哲学論考』における哲学者ルートヴィヒ・ウィトゲンシュタインの主張のように、自然界は「論理」によって構成されているという世界観もあるが、ここではこれ以上哲学的な議論に踏み込まない（興味をお持ちの読者には、拙著『20世紀論争史』をご参照いただきたい）。

　これまでに説明してきた定義によれば、PとQには命題であれば何でも代入できる。したがって、たとえば「もし日本の首都が東京であれば、1+1＝2である」のような何の脈絡もない命題でもかまわない。この命題は、「P」と「Q」が「真」なので、真理表に基づいて論理的に「真」とみなされる。

　すでに説明したように、読者がこのような用法に「違和感」を感じるのは、むしろ当然だということである。もう一度確認するが、ここで定義している

「命題論理」は、あくまで論理的に筋道が通るように構成された「体系」にすぎない点に注意してほしい。

さて、ここで読者には、「P⇒Q」を「¬」と「∧」と「∨」の3つの論理的結合子のどれかを用いて表してほしい。

見つけられただろうか？

P⇒Q＝¬P∨Qの真理表

P	Q	P⇒Q	¬P∨Q
T	T	T	T
T	F	F	F
F	T	T	T
F	F	T	T

論理学においては「もしPならばQ」は「PでないかまたはQ」と同値である。これも自然言語の感覚とは必ずしも合致しないかもしれないが、「命題論理」を構成するうえでは、完全に合理性を保つことのできる形式なのである。

したがって、「論理学」が最も明快にパワーを発揮するのは、その対象とする言語が「自然言語」ではなく「数学」のように厳密に構成された「人工言語」においてだということになる。

たとえば、数学で「もしPならばQ」(P⇒Q)を証明せよという問題が出たら、その同値である「PでないかまたはQ」(¬P∨Q)を証明すればよいことになる。この論理的関係を応用すると、「P∨Q」を証明せよという問題が出

命題論理は数学などの人工言語でパワーを発揮する

問題:「もしPならばQ」(P⇒Q)を証明せよ。

その同値である「PでないかまたはQ」(¬P∨Q)を証明すればいいんだ！

問題:「PまたはQ」(P∨Q)を証明せよ。

「PでないならばQ」(¬P⇒Q)を証明すれば正解するはず！

たら、その同値である「PでないならばQ」（¬P⇒Q）を証明すればよいことがわかるだろう。

必要条件と十分条件

　一般に「P⇒Q」が成立する場合、Pを「十分条件（sufficient condition）」、Qを「必要条件（necessary condition）」と呼ぶ。

　ここで数学の命題「もしX＝1であれば、$X^2＝1$である」（X＝1⇒$X^2＝1$）を考えてみよう。「$X^2＝1$」は「X＝1またはX＝－1」と置き換えられるので、この命題「もし$X^2＝1$であれば、X＝1またはX＝－1である」は明確に「真」である。

　このとき「X＝1」であれば十分に「$X^2＝1$」を満たすので「X＝1」は「十分条件」と呼ばれる。また「$X^2＝1$」すなわち「X＝1またはX＝－1」であることは、「X＝1」を必然的に含むので、「$X^2＝1$」は必要条件と呼ばれる。

　この構造は、「もし東京に住んでいるならば、日本に住んでいる」という命題と類似していることがおわかりだろう。この命題は「真」であり、「東京居住」は「日本居住」の「十分条件」であり、「日本居住」は「東京居住」の「必要条件」である。

P⇒Qの必要条件と十分条件をベン図で表すと…

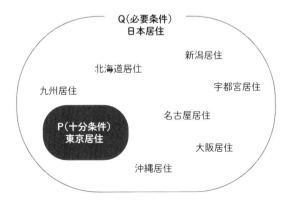

逆・裏・対偶

Converse, Inverse, Contrapositive

「逆」（Q⇒P）

「P⇒Q」に対して「Q⇒P」を「逆」(converse) と呼ぶ。

　たとえば、命題「もし X = 1 であれば、X² = 1 である」に対して、命題「もし X² = 1 であれば、X = 1 である」は「逆」である。

　この「逆」が成立しないことは明らかだろう。というのは、「X² = 1」は「X = 1 または X = - 1」と置き換えられるので、この命題は「もし X = 1 または X = - 1 であれば、X = 1 である」となり、「X = - 1」の場合に「真」ならば「偽」の形式なので「偽」となる。

　「P⇒Q」が成立するからといって「Q⇒P」が成立しない例は、いくらでも存在する。「もし東京に住んでいるならば、日本に住んでいる」が成立するからといって、「もし日本に住んでいるならば、東京に住んでいる」は成立しない。つまり「逆は必ずしも真ならず」である。

「裏」（¬P⇒¬Q）

「P⇒Q」に対して「¬P⇒¬Q」を「裏」(inverse) と呼ぶ。

　たとえば、命題「もし X = 1 であれば、X² = 1 である」に対して、命題「もし X = 1 でなければ、X² = 1 ではない」は「裏」である。

　この「裏」が成立しないことは明らかだろう。というのは、「X² = 1 ではない」は「(X = 1 または X = - 1) ではない」と置き換えられ、これはすでに説明

した「ド・モルガンの法則」により「X＝1ではない、かつX＝－1ではない」ので、裏は「もしX＝1でなければ、X＝1ではない、かつX＝－1ではない」となる。この場合、「X＝－1」のとき「真」ならば「偽」の形式なので「偽」となる。

「P⇒Q」が成立するからといって「￢P⇒￢Q」が成立しない例も、いくらでも存在する。「もし東京に住んでいるならば、日本に住んでいる」が成立するからといって、「もし東京に住んでいなければ、日本に住んでいない」は成立しない。つまり「裏は必ずしも真ならず」である。

「対偶」（￢Q⇒￢P）

「P⇒Q」に対して「￢Q⇒￢P」を「対偶」（contrapositive）と呼ぶ。

さて、P⇒Qは￢Q⇒￢Pと同値である。したがって、P⇒Qが成立すれば￢Q⇒￢Pも成立し、逆に￢Q⇒￢Pが成立すれば、P⇒Qも成立する。要するに真理表が同じになるわけである。

対偶の真理表

P	Q	P⇒Q	￢Q⇒￢P
T	T	T	T
T	F	F	F
F	T	T	T
F	F	T	T

たとえば、命題「もしX＝1であれば、$X^2＝1$である」に対して、命題「もし$X^2＝1$でなければ、X＝1ではない」は「対偶」である。「$X^2＝1$ではない」は「（X＝1またはX＝－1）ではない」と置き換えられ、これはド・モルガンの法則により「X＝1ではない、かつX＝－1ではない」である。したがって、

ベン図を使って、逆・裏・対偶と真偽を理解しよう

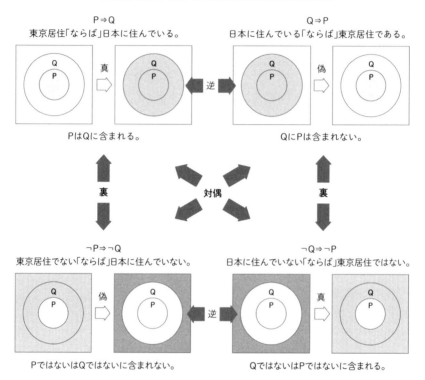

「対偶」は「もしX = 1ではない、かつX = − 1ではないならば、X = 1ではない」となり、明らかに「真」である。

「もし東京に住んでいるならば、日本に住んでいる」が成立する以上、「もし日本に住んでいなければ、東京に住んでいない」も成立する。このように「対偶は必ず成立する」のである。

同値「PのときにかぎってQ」(P⇔Q)

Biconditional

論理的結合子5：同値「PのときにかぎってQ」(P⇔Q)

PとQが命題であれば、「PのときにかぎってQ」（P if and only if Q; P is equivalent to Q）も命題である。**論理学では「PのときにかぎってQ」をPとQの「同値（biconditional; equivalent）」と呼び、記号では「P⇔Q」のように表す。**

この「PのときにかぎってQ」という命題は、PとQの真理値（TまたはF）が同じ場合にかぎって真であり、それ以外の場合は、偽と定義される。「PのときにかぎってQ」は、「もしPならばQ」と「もしQならばP」の両方が成立すること、つまり「(P⇒Q)∧(Q⇒P)」を意味する。このように、**「PのときにかぎってQ」は十分条件と必要条件を同時に満たしているため「必要十分条件」と呼ばれる。**

▎P⇔Qの真理表

P	Q	P⇔Q
T	T	T
T	F	F
F	T	F
F	F	T

▎(P⇒Q)∧(Q⇒P)の真理表

P	Q	(P⇒Q)∧(Q⇒P)
T	T	T
T	F	F
F	T	F
F	F	T

トートロジー

Tautology

[トートロジー(T)

　必要十分条件の真理表を見れば、すぐに（P⇔Q）と（P⇒Q）∧（Q⇒P）の真理値がすべて同じであることに気づくだろう。ということは、この2つの命題を「⇔」で結べば、すべての真理値は「T」になることもおわかりだろう。

P	Q	P⇔Q	(P⇒Q) ∧ (Q⇒P)	(P⇔Q) ⇔ [(P⇒Q) ∧ (Q⇒P)]
T	T	T	T	T
T	F	F	F	T
F	T	F	F	T
F	F	T	T	T

　このように、PとQの真理値がどのような組み合わせであっても結果的に真理表がすべて「T」になるものを「トートロジー」(tautology) と呼び「T」で表す。

　すでに説明した**「排中律」(→77ページ) は「トートロジー」の代表例**の一つである。

　命題P＝「今日は月曜日である」であれば、「今日は月曜日か月曜日ではないかのどちらかである」（P∨¬P）は必ず成立する「トートロジー」である。

　ここで重要な「トートロジー」の特徴は、「今日は月曜日か月曜日ではな

いかのどちらかである」のように、形式的に「真」であるだけで、実際には何の情報も与えていないことである。

　たとえば、火星の地下にダイヤモンドがあるか否か、現時点で人類は誰も知らない。しかし、命題「火星の地下にはダイヤモンドがあるか否かのどちらかである」という命題は論理的に「真」である。

トートロジーの真理表

P	P∨¬P
T	T
F	T

　すでに説明したように、「P∨¬P」は「P⇒P」と同値である。つまり「今日は月曜日か月曜日ではないかのどちらかである」(P∨¬P) は、「もし今日は月曜日であれば、今日は月曜日である」(P⇒P) のように、同一内容を繰り返している。

　したがって、**「トートロジー」は「同語反復」と訳されることもある。ただし「(P⇔Q) ⇔ [(P⇒Q) ∧ (Q⇒P)]」のように、必ずしも「同語反復」でない「トートロジー」が存在するので、この訳語は用いるべきではないだろう。**

矛盾

Contradiction

矛盾（⊥）

「トートロジー」とは反対に、**PとQの真理値がどのような組み合わせであっても結果的に真理表がすべて「F」になるものを「矛盾」(contradiction) と呼び「⊥」で表す。**

命題P =「今日は月曜日である」であれば、「今日は月曜日であり、かつ月曜日ではない」（P∧¬P）は必ず成立しない「矛盾」である。

ここで重要な「矛盾」の特徴は、「今日は月曜日であり、かつ月曜日ではない」のように、形式的に「偽」であることであって、実際には何の情報も与えていないことである。

「火星の地下にダイヤモンドがあり、かつダイヤモンドはない」という命題は、火星の地下を探索することなく論理的に「偽」であるとわかる。

矛盾の真理表

P	P∧¬P
T	F
F	F

完全真理表

Complete Truth Table

論理的結合子に基づく真理表

以上、ここまでに学んできた「論理的結合子」は、次の真理表の11列である。

P	Q	¬P	¬Q	P∧Q	P∨Q	P⇒Q	Q⇒P	P⇔Q	T	⊥
T	T	F	F	T	T	T	T	T	T	F
T	F	F	T	F	T	F	T	F	T	F
F	T	T	F	F	T	T	F	F	T	F
F	F	T	T	F	F	T	T	T	T	F

実際には、2個の命題に対する「T」か「F」の組み合わせは16通りになるので、残りの5列にも名前が付いているが、これらは他の「論理的結合子」で表現できるため、基本的な「論理的結合子」とは考えないのが普通である。「P｜Q」は「PナンドQ」(P nand Q)と読み「¬(P∧Q)」のことである。「P↓Q」は「PノアQ」(P nor Q)と読み「¬(P∨Q)」のことである。「排反的選言」についてはすでに説明したとおりである。

「P>Q」と「P<Q」は「順番」(ordering)と呼ばれ、「T」を「より大きい数」、「F」を「より小さい数」と解釈すると、うまく機能することがわかるだろう。

2個の命題に対する残りの真理表

P｜Q	P↓Q	P∨Q	P>Q	P<Q
F	F	F	F	F
T	F	T	T	F
T	F	T	F	T
T	T	F	F	F

「完全真理表」を何種類の結合子でカバーできるか？

　実は、命題PとQのすべての真理値の組み合わせをカバーした16列の「完全真理表」は、非常に興味深い特徴を持っている。

　たとえば、すべての真理表の組み合わせを「¬」と「∨」の2つの論理的結合子だけで表現できるのだが、読者はそれを証明できるだろうか？

　もっと凄いのは、「P｜Q」一つだけ、あるいは「P↓Q」一つだけでも表現できるのだが、こちらはいかがだろうか？

　パズルの好きな読者には、ぜひ挑戦していただきたい！

第3章

筋道立てて、証明するには？

論証

モダス・ポネンス

Modus Ponens

論証

一般に、**命題は幾つかの「前提 (premise)」から一つの「結論 (conclusion)」を導くような形式に並べることができる。このような形式で命題が並んだものを「論証 (argument)」と呼ぶ。**この論証が今回のテーマである。

古代ギリシャ時代、最初に「論理学」を完成させた哲学者アリストテレスは、このような形式を256種類の「三段論法 (syllogism)」に分類したが、これらもすべて論証に含まれる。

論証形式1：モダス・ポネンス

次の論証形式は、**「モダス・ポネンス (modus ponens) MP」(仮言三段論法肯定式)** と呼ばれる。

前提1	もしPならばQである。
前提2	Pである
結論	ゆえに、Qである。

記号では、次のように表せる。

前提1	$P \Rightarrow Q$
前提2	P
結論	$\therefore Q$

妥当性

論証の研究で重要になるのは、前提が結論を論理的に導いているか否かの問題である。論理学では、ある論証において、**「すべての前提が真ならば、結論も必ず真である」**とき、その論証を**「妥当 (valid)」と呼ぶ**。したがって、妥当な論証においては、すべての前提が真であるにもかかわらず、結論が偽になることは不可能である。

ここで、モダス・ポネンスが妥当であることを証明しよう。まず、前提1「P⇒Q」が真なので、次の真理表の第1行・第3行・第4行が相当する。次に、前提2「P」が真なので、真理表の第1行・第2行が相当する。その両方を満たすのは真理表の第1行だけであり、そこで結論「Q」は真になっている。したがって、すべての前提が真ならば、結論も必ず真になっているので、モダス・ポネンスは妥当な論証である。

モダス・ポネンスの真理表

P	Q	P⇒Q
T	T	T
T	F	F
F	T	T
F	F	T

すぐにはイメージが浮かばないかもしれないが、モダス・ポネンスは、ごく日常的なコミュニケーションに登場する論証である。

ここで、命題Pに「彼が犯人である」を、命題Qに「彼は犯行現場にいた」を代入してみよう。モダス・ポネンスが、当然の筋道を表していることがわかるだろう。

前提1と前提2が真であれば、結論も真でなければならないことは明らかだろう。

前提1	もし彼が犯人ならば、彼は犯行現場にいた。
前提2	彼は犯人である。
結論	ゆえに、彼は犯行現場にいた。

モダス・トレンス

Modus Tollens

論証形式2:モダス・トレンス

次の論証形式は、**「モダス・トレンス（modus tollens）MT」**(仮言三段論法否定式)と呼ばれる。

前提1	もしPならばQである。
前提2	Qではない。
結論	ゆえに、Pではない。

記号では、次のように表せる。

前提1	P⇒Q
前提2	¬Q
結論	∴¬P

ここで、命題Pに「彼が犯人である」を、命題Qに「彼は犯行現場にいた」を代入してみよう。モダス・トレンスが、いわゆる「アリバイ」の論証として用いられていることがわかるだろう。

前提1	もし彼が犯人ならば、彼は犯行現場にいた。
前提2	彼は犯行現場にいなかった。
結論	ゆえに、彼は犯人ではない。

モダス・トレンスは、妥当な論証である。したがって、前提1と前提2が

ともに真であれば、結論も真でなければならない。つまり、「もし彼が犯人ならば、彼は犯行現場にいた」ことが事実であり、「彼は犯行現場にいなかった」ことが事実であれば、「彼は犯人ではない」という結論も、事実でなければならない。

ここで読者には、モダス・トレンスの論証が妥当であることを証明してほしい。この事実は、真理表から簡単に証明できる。

モダス・トレンスの真理表

P	¬P	Q	¬Q	P⇒Q
T	F	T	F	T
T	F	F	T	F
F	T	T	F	T
F	T	F	T	T

ここでは、真理表を用いない方法でモダス・トレンスの妥当性を証明してみよう。

前提1と前提2を真と仮定し、結論を偽と仮定し、それが不可能であることを示せばよい。つまり、「背理法」を用いるわけである。
「もしPならばQである」を真、「Qではない」を真、「Pではない」を偽と仮定する。すると、「Pではない」が偽なので、Pは真である。「Qではない」が真なので、Qは偽である。Pが真であると同時にQが偽なので、「もしPならばQである」は偽でなければならない。しかし、この結果は、「もしPならばQである」を真と仮定したことに矛盾する。ゆえに、前提1と前提2を真と仮定し、結論を偽と仮定することは、不可能である。したがって、モダス・トレンスは、妥当な論証である。

後件肯定虚偽

Fallacy of Affirming the Consequent

妥当性と虚偽

なぜアリストテレスは、論証の妥当性にこだわったのだろうか。古代ギリシャ時代には、さまざまな人生の問題から法律の制定にいたるまで、あらゆる実践的・哲学的問題が議論された。

アリストテレスは、それでなくとも込み入った議論の中から、「詭弁」や「言い逃れ」や「屁理屈」を排除したかった、と考えればわかりやすいだろう。要するに、彼は「正しい思考の道筋」としての「論証」を明確にしたかったのである。

モダス・ポネンスやモダス・トレンスのように妥当な論証を組み立てれば、逆に、意図する結論を導くために、どのような前提を立案すればよいのかが見えてくる。アリストテレスは、このような論証の組み立てによって、思考そのものが整理されると考えたのである。

よく間違える論証1：後件肯定虚偽

次の論証は、モダス・ポネンスに似ているが、妥当な論証ではない。この論証は**「後件肯定虚偽（fallacy of affirming the consequent）」**と呼ばれる。

前提1	もしPならばQである。
前提2	Qである。
結論	ゆえに、Pである。

記号では、次のように表せる。

前提1	P⇒Q
前提2	Q
結論	∴P

ここで、命題Pに「彼が犯人である」を、命題Qに「彼は犯行現場にいた」を代入してみよう。

前提1	もし彼が犯人ならば、彼は犯行現場にいた。
前提2	彼は犯行現場にいた。
結論	ゆえに、彼は犯人である。

ここで読者には、この論証が妥当でないことを証明してほしい。前提1と前提2が共に真であるにもかかわらず、結論が必ずしも真ではないことを示せばよいのである。

まず、前提1「P⇒Q」が真なので、真理表の第1行・第3行・第4行が相当する。次に、前提2「Q」が真なので、真理表の第1行・第3行が相当する。その両方を満たすのは真理表の第1行・第3行であり、結論「P」は真の場合も偽の場合もある。したがって、すべての前提が真であっても、結論は必ずしも真ではないので、この論証は妥当ではない。

実際に、「もし彼が犯人ならば、彼は犯行現場にいた」ことが事実であり、「彼は犯行現場にいた」ことも事実だが、実は彼は犯人ではなかったという事例は、多くの推理小説に描かれている。

後件肯定虚偽の真理表

P	Q	P⇒Q
T	T	T
T	F	F
F	T	T
F	F	T

前件否定虚偽

Fallacy of Denying the Antecedent

よく間違える論証2：前件否定虚偽

次の論証は、モダス・トレンスに似ているが、妥当な論証ではない。この論証は**「前件否定虚偽 (fallacy of denying the antecedent)」**と呼ばれる。

前提1	もしPならばQである。
前提2	Pではない。
結論	ゆえに、Qではない。

記号では、次のように表せる。

前提1	$P \Rightarrow Q$
前提2	$\neg P$
結論	$\therefore \neg Q$

ここで、命題Pに「彼が犯人である」を、命題Qに「彼は犯行現場にいた」を代入してみよう。

前提1	もし彼が犯人ならば、彼は犯行現場にいた。
前提2	彼は犯人ではない。
結論	ゆえに、彼は犯行現場にいなかった。

ここで読者には、この論証が妥当でないことを証明してほしい。前提1と前提2が共に真であるにもかかわらず、結論が必ずしも真ではないことを示

せばよいのである。

前件否定虚偽の真理表

P	¬P	Q	¬Q	P⇒Q
T	F	T	F	T
T	F	F	T	F
F	T	T	F	T
F	T	F	T	T

　まず、前提1「P⇒Q」が真なので、真理表の第1行・第3行・第4行が相当する。次に、前提2「¬P」が真なので、真理表の第3行・第4行が相当する。その両方を満たすのは真理表の第3行・第4行であり、結論「¬Q」は真の場合も偽の場合もある。したがって、すべての前提が真であっても、結論は必ずしも真ではないので、この論証は妥当ではない。

　実際に、「もし彼が犯人ならば、彼は犯行現場にいた」ことが事実であり、「彼は犯人ではない」ことも事実だが、実は彼は犯行現場にいたという事例は、いくらでも起こりうる。

論証とコミュニケーション

　子どもが高熱を出したとしよう。すると「これほどの高熱が出るのはインフルエンザに違いない」と考えてしまうかもしれないが、この論証は妥当だろうか？

前提1	もし子どもがインフルエンザに罹ったら、高熱が出る。
前提2	子どもは高熱が出ている。
結論	ゆえに、子どもはインフルエンザに罹っている。

前提1	もしPならばQである。
前提2	Qである。
結論	ゆえに、Pである。

記号では、次のように表せる。

前提1	P⇒Q
前提2	Q
結論	∴P

ここで、命題Pに「子どもはインフルエンザである」を、命題Qに「子どもに高熱が出る」を代入してみよう。

つまり、この母親の論証は「後件肯定虚偽」に相当し、妥当な論証ではないことがわかる。単にわかるだけではなく、それを真理表で「証明」できることが重要である。

最初から面倒な記号で考えなくても、「高熱が出るのは、必ずしもインフルエンザが原因とは限らないじゃないか」と思われるかもしれない。しかし、論理学では、その事実を明確に「論証」することを重視している点に注意してほしい。

要するに、**日常言語では曖昧になりがちな「話の正しい筋道」**が、アリストテレス以来の「論証」という概念で**論理的に厳密に表現できる**ことをご理解いただけたと思う。

論証には、モダス・ポネンスやモダス・トレンスのように「妥当」なものと、後件肯定虚偽や前件否定虚偽のように「妥当ではない」ものがある。読者には、ぜひ日常会話に登場するさまざまな論証を記号化して、それが妥当か否かを明らかにしてほしい！

仮言三段論法

Hypothetical Syllogism

論証形式3：仮言三段論法

次の論証形式は、**「仮言三段論法（hypothetical syllogism）HS」** と呼ばれる。

前提1	もしPならばQである。
前提2	もしQならばRである。
結論	ゆえに、もしPならばRである。

記号では、次のように表せる。

前提1	$P \Rightarrow Q$
前提2	$Q \Rightarrow R$
結論	$\therefore P \Rightarrow R$

ここで、命題Pに「彼が犯人である」を、命題Qに「彼は犯行現場にいた」を、命題Rに「彼の指紋が犯行現場にある」を代入してみよう。仮言三段論法が、犯人を立証するための論証として用いられていることがわかるだろう。

前提1	もし彼が犯人ならば、彼は犯行現場にいた。
前提2	もし彼が犯行現場にいたならば、彼の指紋が犯行現場にある。
結論	ゆえに、もし彼が犯人ならば、彼の指紋が犯行現場にある。

仮言三段論法は、妥当な論証である。したがって、前提1と前提2がともに真であれば、結論も真でなければならない。つまり、「もし彼が犯人なら

ば、彼は犯行現場にいた」ことが事実であり、「もし彼が犯行現場にいたならば、彼の指紋が犯行現場にある」ことが事実であれば、「もし彼が犯人ならば、彼の指紋が犯行現場にある」という結論も、事実でなければならない。

　ここで読者には、仮言三段論法の論証が妥当であることを証明してほしい。注意してほしいのは、この論法では登場する命題がPとQとRの3つになったため、真理表の組み合わせも2の3乗で8通りに増える点である。

P	Q	R	P⇒Q	Q⇒R	P⇒R
T	T	T	T	T	T
T	T	F	T	F	F
T	F	T	F	T	T
T	F	F	F	T	F
F	T	T	T	T	T
F	T	F	T	F	T
F	F	T	T	T	T
F	F	F	T	T	T

　まず、前提1の「P⇒Q」が真なので、真理表の第1行・第2行・第5行・第6行・第7行・第8行が相当する。次に、前提2の「Q⇒R」が真なので、真理表の第1行・第3行・第4行・第5行・第7行・第8行が相当する。その両方を満たすのは真理表の第1行・第5行・第7行・第8行であり、そこで結論「P⇒R」はすべて真になっている。したがって、すべての前提が真ならば、結論も必ず真なので、仮言三段論法は妥当な論証である。

選言三段論法

Disjunctive Syllogism

論証形式4：選言三段論法

次の2つの論証形式は**「選言三段論法 (disjunctive syllogism) DS」**と呼ばれる。

前提1	PまたはQである。	前提1	PまたはQである。
前提2	Pではない。	前提2	Qではない。
結論	ゆえに、Qである。	結論	ゆえに、Pである。

記号では、次のように表せる。

前提1	$P \lor Q$	前提1	$P \lor Q$
前提2	$\neg P$	前提2	$\neg Q$
結論	$\therefore Q$	結論	$\therefore P$

読者には、選言三段論法が妥当であることを証明してほしい。真理表から明らかなはずである。

選言三段論法

P	$\neg P$	Q	$\neg Q$	$P \lor Q$
T	F	T	F	T
T	F	F	T	T
F	T	T	F	T
F	T	F	T	F

加法

Aaddition

論証形式5：加法

次の論証形式は**「加法（addition）Add」**と呼ばれる。

前提	Pである。
結論	ゆえに、PまたはQである。

記号では、次のように表せる。

前提	P
結論	∴ P∨Q

選言の真理表から、Pが真であることが与えられると、その命題に任意の命題Qを加えても真になる点に注意してほしい。したがって、この論証が妥当であることは明らかだろう。

ここで、命題Pに「今日が日曜日である」を、命題Qに「今日は水曜日である」を代入してみよう。「今日が日曜日である」が真である以上、「今日は日曜日であるか、または水曜日である」は真になる。命題Qが「私は空を飛べる」のように偽の命題であっても、「今日が日曜日である」が真であれば、「今日は日曜日であるか、または私は空を飛べる」は真になる。

加法の真理表

P	Q	P∨Q
T	T	T
T	F	T
F	T	T
F	F	F

単純化

Simplification

論証形式6：単純化

次の2つの論証形式は**「単純化（simplification）Simp」**と呼ばれる。

前提	PかつQである。
結論	ゆえに、Pである。

前提	PかつQである。
結論	ゆえに、Qである。

記号では、次のように表せる。

前提	P∧Q
結論	∴P

前提	P∧Q
結論	∴Q

単純化が妥当な論証であることは、真理表から明らかだろう。

単純化の真理表

P	Q	P∧Q
T	T	T
T	F	F
F	T	F
F	F	F

乗法

Conjunction

論証形式7：乗法

次の論証形式は「**乗法（conjunction）Conj**」と呼ばれる。

前提1	Pである。
前提2	Qである。
結論	ゆえに、PかつQである。

記号では、次のように表せる。

前提1	P
前提2	Q
結論	∴P∧Q

この論証が妥当であることも、連言の真理表から明らかだろう。

乗法の真理表

P	Q	P∧Q
T	T	T
T	F	F
F	T	F
F	F	F

構成的ジレンマ

Constructive Dilemma

論証形式8：構成的ジレンマ

次の論証形式は、**「構成的ジレンマ（constructive dilemma）CD」** と呼ばれる。

前提1	もしPならばQである。
前提2	もしRならばSである。
前提3	PまたはRである。
結論	ゆえに、QまたはSである。

記号では、次のように表せる。

前提1	$P \Rightarrow Q$
前提2	$R \Rightarrow S$
前提3	$P \lor R$
結論	$\therefore Q \lor S$

「構成的ジレンマ」は、日常生活で非常に多く用いられる論法である。たとえば、次のような状況を考えてみよう。

前提1	もし明日晴れていたら、ディズニーランドに行く。
前提2	もし明日晴れていなかったら、美術館に行く。
前提3	明日は晴れているか、晴れていないかのどちらかである。
結論	ゆえに、明日はディズニーランドか、美術館に行く。

一般に「ジレンマ」とは、ある立案に対して2つの選択肢が存在するにもかかわらず、そのどちらを選んでも何らかの不利益が生じるため、判断を決めかねて「葛藤」の生じる状況を指す。

「構成的ジレンマ」は、そのような状況を論理的に明確に整理する際に効果を発揮する。たとえば、次のような政治的決断を下さなければならないような場合である。

前提1	もしA案を可決したら、増税しなければならない。
前提2	もしB案を可決したら、雇用が減少する。
前提3	A案かB案を可決しなければならない。
結論	ゆえに、増税するか、雇用が減少する。

　読者には、①P、Q、R、Sに適切な命題を代入して自然な論証を構成し、②この論証が妥当であることを証明してほしい。

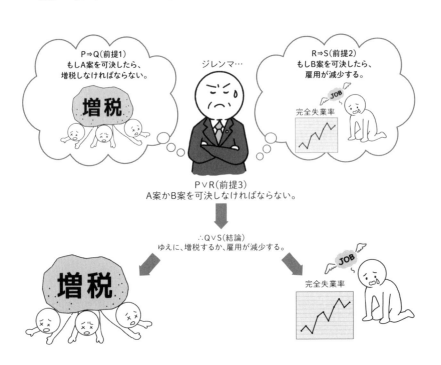

P、Q、R、Sの真理表

P	Q	R	S	P⇒Q	R⇒S	P∨R	Q∨S
T	T	T	T	T	T	T	T
T	T	T	F	T	F	T	T
T	T	F	T	T	T	T	T
T	T	F	F	T	T	T	T
T	F	T	T	F	T	T	T
T	F	T	F	F	F	T	F
T	F	F	T	F	T	T	T
T	F	F	F	F	T	T	F
F	T	T	T	T	T	T	T
F	T	T	F	T	F	T	T
F	T	F	T	T	T	F	T
F	T	F	F	T	T	F	T
F	F	T	T	T	T	T	T
F	F	T	F	T	F	T	F
F	F	F	T	T	T	F	T
F	F	F	F	T	T	F	F

第3章 筋道立てて、証明するには？ 論証

矛盾の証明

Proof of Contradiction

8つの論証形式

これまでにアリストテレス以来知られている8つの「妥当」な論証形式「MP、MT、HS、DS、Add、Simp、Conj、CD」を紹介してきた。

記号化されているため、最初は戸惑う読者もいるかもしれないが、これらを自在に使いこなせるようになれば、日常の議論にも大いに役立つので、ぜひ頭に叩き込んでほしい！

論証の「矛盾」

たとえば国会の審議で、次のような3つの前提が与えられているとしよう。

前提1	もしA案またはB案を可決したら、増税しなければならない。
前提2	B案を可決し、D案も可決した。
前提3	増税はしない。

賢明な読者は、これらの3つの前提に「矛盾」が含まれていることを発見できるはずである。つまり、これらの3つの前提をすべて満足させることは論理的に不可能である。そのことを証明しよう。

この論証を記号で表すと、1～3のようになる（「増税する」をCとおく）。それらのヒントから新たに導いた命題を4～8のように書く。これが「証明」である。

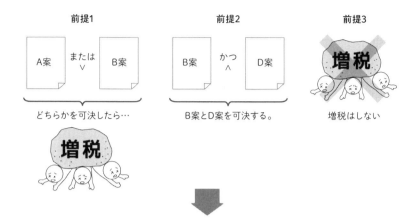

以上のような前提が成り立つのか（矛盾の有無）を証明してみよう！

読者には、次の3つの前提に矛盾が含まれているか否か、同じようにすでにこれまでに学習した論証形式を使って発見してほしい。

1	前提1	(A∨B)⇒C
2	前提2	B∧D
3	前提3	¬C
4	1, 3 MT (1行目と3行目に論証形式MTを適用)	¬(A∨B)
5	4 DeM (4行目に同値関係DeMを適用)	¬A∧¬B
6	2 Simp (2行目に論証形式Simpを適用)	B
7	5 Simp (5行目に論証形式Simpを適用)	¬B
8	6, 7 Conj (6行目と7行目に論証形式Conjを適用)	B∧¬B

いかなる論証においても「X∧¬X」の形式の命題を導けたら、その論証は「矛盾」し、破綻していることがわかる。ここで大切なことは、その事実を論理的に証明できる点である。

読者には、次の3つの前提に矛盾が含まれているか否か、同じようにすでにこれまでに学習した論証形式を使って発見してほしい。

1	前提1	A⇒(B∨C)
2	前提2	¬(¬A∨C)
3	前提3	¬B

ナイトとネイブの パズル 1

The Puzzle of Knight and Knave 1

問題

　ここからは、論理パズルを楽しみながら、これまでに登場したさまざまな概念を再確認したい。

　ある島に、2種類の住人が居住している。「ナイト（Knight: 騎士）」は正直であり、彼の発言はすべて真である。「ネイブ（Knave: ならず者）」は嘘つきであり、彼の発言はすべて偽である。島のすべての住人は、ナイトかネイブのどちらかである。

　島の住人Xと出会ったとする。もしXが「日曜日の翌日は月曜日です」と言えば、彼はナイトであり、「日曜日の翌日は火曜日です」と言えば、彼はネイブである。「2は偶数です」と言えばナイトであり、「2は奇数です」と言えばネイブである。要するに、Xが真実を語ればナイトであり、嘘をつけばネイブである。

　ただし、Xの1回の発言だけから正体を見破ることができるとは

パズルの舞台は正直者ナイトと嘘つきネイブの2種類が存在する謎の島

発言内容が正しいので
ナイト

発言内容が嘘なので
ネイブ

限らない。たとえば、Xが「私はナイトである」と言ったとする。Xは、自分はナイトだと正直に言うナイトかもしれないが、自分はナイトだと嘘を言うネイブかもしれない。したがって、この発言だけからXの正体を決定することはできない。

それでは、問題である。ナイトとネイブの島の住人Xが「私はネイブです」と言ったとしよう。Xの正体は何者だろうか。

以下のように名乗るXの正体はナイト？　ネイブ？

私はネイブだ

解答

もしXがナイトであれば、自分をネイブだと偽ることはないから、Xはナイトではない。一方、もしXがネイブであれば、自分はネイブだと正直に言うこともないから、Xはネイブでもない。したがって、**ナイトとネイブの島の住人が「私はネイブである」と言うことは不可能**である。

このパズルは、トリッキーだと思われたかもしれない。島の住人Xが「私はネイブである」と言ったということ自体が不可能であるとか、この問題自体が成立しないとする解答も、もちろん正解である。

ここで理解してほしいのは、①ナイトの発言はすべて真であり、②ネイブの発言はすべて偽であり、③すべての住人がそのどちらかである、という3つの前提に基づいて構成された島のシステムで、**住人が「私はネイブである」と発言すること自体が、システムに対する矛盾となる**点である。つまり、これはシステムから「飛び出た」発言なのである。

島の内部では、いかなる真実もナイトが発言できるし、いかなる嘘もネイブが発言できる。それでは、一般の社会と同じように、何でも発言できるはずだと思われるかもしれないが、実は、そうではない。ナイトとネイブの島に、「私はネイブである」という発言は、永遠に存在しないのである。

ナイトとネイブの
パズル2

The Puzzle of Knight and Knave 2

[問題

　ナイトとネイブの島において、「私はネイブである」という発言は不可能であることがわかった。これ以外に、ナイトとネイブにとって不可能な発言はあるだろうか。

**以下の発言はナイトもネイブも不可能。
では他にも同様に、ナイトとネイブができない発言とは？**

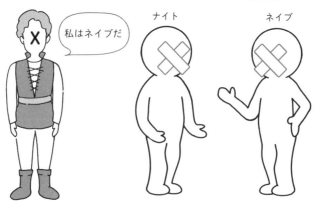

[解答

　不可能な発言は、無数にある。「私はネイブである」と同じ理由から、「私は嘘つきである」や「私はナイトではない」も発言できない。

これらの論理的矛盾を生み出す「システムから飛び出た発言」に加えて、**実は、ナイトとネイブは、日常会話の大部分も発言できない。**たとえば、「あなたの名前は何ですか」や「なんて美しい花だろう」や「コーヒー頂戴」も、すべて不可能な発言である。

　ナイトとネイブは、なぜ簡単な日常会話を発言できないのだろうか。ここで、再確認してほしいのは、ナイトの発言はすべて真の命題であり、ネイブの発言はすべて偽の命題だという定義である。

　すでに説明したように、「疑問文・感嘆文・命令文」などの発言は命題ではないため、真でも偽でもない。これらの文は、**日常的なコミュニケーションにおいては有効だが、論理的には、真や偽の「真理値」を持たない語用とみなされる。**だから、ナイトとネイブには発言できないのである。同じ理由から、「こんにちは」や「さようなら」の挨拶語でさえ、彼らは発言できない。

ナイトもネイブもほとんどの日常会話が不可能!?

ナイトとネイブのパズル3

The Puzzle of Knight and Knave 3

[問題]

ナイトとネイブの島において、2人の住人XとYと出会った。するとXが「私はネイブであり、Yはナイトです」と発言した。XとYの正体はわかるだろうか？

XとYの正体は？

[解答]

ここで「Xはネイブである」という命題をP、「Yはナイトである」という命題をQとおく。するとXの発言は「P∧Q」と記号化できる。Xはナイト

かネイブのどちらかでなければならないので、2つのケースに分けて考えてみよう。

まず「P∧Q」の真理表を作成する。

①Xはナイトであるとすると、Pは偽である。さらに彼は正直者なので彼の発言「P∧Q」は真でなければならない。ところが、真理表により、「P∧Q」が真になるのはPとQの両方が真の場合のみ（1行目）なので、Pは真であることになり矛盾する。よってXはナイトではない。

②Xはネイブである。よってPは真である。さらに彼は嘘つきなので彼の発言「P∧Q」は偽でなければならない。真理表により、Pが真であると同時に「P∧Q」が偽になるのはQが偽の場合のみ（2行目）なので、Qは偽である。よってYはネイブである。

以上の論証により、Xはネイブであり、Yもネイブである。

「私はネイブであり、Yはナイトだ」をP∧Qだとすると…

P	Q	P∧Q
T	T	T
T	F	F
F	T	F
F	F	F

「P∧Q」の真理表に当てはめると正体が見える

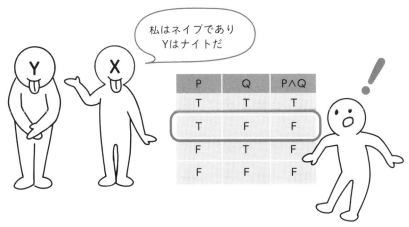

ナイトとネイブの パズル4

The Puzzle of Knight and Knave 4

[問題

ナイトとネイブの島において、3人の住人XとYとZと出会った。するとXが「Yはナイトです」と発言し、Yは「もしXがナイトならば、Zもナイトです」と発言した。XとYとZの正体はわかるだろうか？

X、Y、Zの正体は？

[解答

ここで**「Xはナイトである」という命題をP、「Yはナイトである」という命題をQ、「Zはナイトである」という命題をRとおく**。するとXの発言は「Q」、Yの発言は「P⇒R」と記号化できる。Xはナイトかネイブのどちらかでなけ

ればならないので、2つのケースに分けて考えてみよう。

まず「P⇒R」の真理表を作成する。

① Xはネイブであるとすると、Pは偽である。さらに彼は嘘つきなので彼の発言「Q」は偽でなければならない。よってYもネイブであり、「P⇒R」も偽でなければならない。ところが、真理表により、「P」と「Q」と「P⇒R」のすべてを偽にする組み合わせはないので矛盾する。よってXはネイブではない。

② Xはナイトである。よってPは真である。さらに彼は正直者なので彼の発言「Q」は真でなければならない。よってYもナイトである。真理表により、「P」と「Q」と「P⇒R」のすべてを真にする組み合わせはRが真の場合のみ（1行目）なので、Zはナイトである。

以上の論証により、Xはナイト、Yはナイト、Zもナイトである。

XとYの発言をP⇒Rだとすると…

P	Q	R	P⇒R
T	T	T	T
T	T	F	F
T	F	T	T
T	F	F	F
F	T	T	T
F	T	F	T
F	F	T	T
F	F	F	T

「P⇒R」の真理表に当てはめると正体が見える

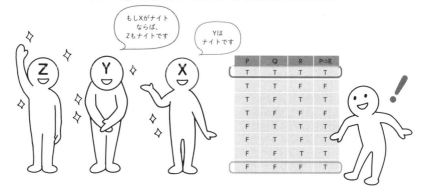

ナイトとネイブの パズル 5

The Puzzle of Knight and Knave 5

[問題]

ナイトとネイブの島において、住人Xと出会った。すると彼は「私はアリスを愛しています」と発言し、さらに「もし私がアリスを愛していたら、私はベルも愛しています」と発言した。Xの正体はわかるだろうか？ また彼が誰を愛しているかわかるだろうか？

Xの正体はナイトorネイブ？

もし私がアリスを愛していたら、私はベルも愛しています

私はアリスを愛しています

[解答]

ここで「Xはアリスを愛している」という命題をP、「Xはベルを愛している」という命題をQとおく。するとXの発言は「P」と「P⇒Q」と記号化できる。Xはナイトかネイブのどちらかでなければならないので、2つのケースに分けて考えてみ

「Xはアリスを愛している」をP、「Xはベルを愛している」をQとすると…

P	Q	P⇒Q
T	T	T
T	F	F
F	T	T
F	F	T

よう。

まず「P⇒Q」の真理表を作成する。

①Xはネイブであるとすると、彼は嘘つきなので彼の発言「P」と「P⇒Q」は偽でなければならない。ところが、真理表により、「P」と「P⇒Q」の両方を偽にする組み合わせはないので矛盾する。よってXはネイブではない。

②Xはナイトである。彼は正直者なので彼の発言「P」と「P⇒Q」は真である。真理表により、「P」と「P⇒Q」を真にする組み合わせはQが真の場合のみ（1行目）である。

以上の論証により、Xはナイトであり、彼はアリスもベルも愛している。

多種多彩な論理パズル

以上のように、多種多彩な「論理パズル」を楽しむことによって、論理的思考力が鍛えられる。今回は、その入り口を示しただけだが、これまで学んできた記号を使用することによって、スムーズに正解が見えてきたはずである。以下に課題を挙げておくので、自力で解いて楽しんでほしい！

[課題1]

ナイトとネイブの島において、住人Xと出会った。すると彼は「私はアリスを愛しています」と発言し、さらに「もし私がアリスを愛していたら、私はベルを愛していません」と発言し、さらに「私はアリスかベルのどちらかを愛しています」と発言した。Xの正体はわかるだろうか？ また彼が誰を

愛しているかわかるだろうか？

[課題2]

ナイトとネイブの島において、住人Xと住人Yと出会った。以下の状況で、XとYの正体はわかるだろうか？

① Xは「私はネイブであるか、Yはナイトであるかのどちらかです」と発言した。
② Xは「私たち2人のうち、少なくとも1人はネイブです」と発言した。
③ Xは「もし私がナイトならば、Yはネイブです」と発言した。
④ Xは「もしYがナイトならば、私はネイブです」と発言した。
⑤ Xは「私がナイトであるときに限ってYはネイブです」と発言した。

[課題3]

ナイトとネイブの島において、住人Xと住人Yと住人Zと出会った。以下の状況で、XとYとZの正体はわかるだろうか？

① Xは「私たち全員がネイブです」と発言した。
　Yは「私たちのうち1人だけがナイトです」と発言した。
② Xは「私がナイトであるときに限って、YとZはどちらもナイトです」と発言した。
　Yは「もし私がナイトであれば、Xはネイブです」と発言した。
③ Xは「私とZのどちらかがナイトです」と発言した。
　Yは「私とXのどちらかがネイブです」と発言した。
④ Xは「私たち全員がネイブです」と発言した。
　Yは「私たちのうち1人だけがネイブです」と発言した。
⑤ Xは「私たちのうち1人だけがナイトです」と発言した。
　Yは「私たちのうち1人だけがネイブです」と発言した。

ゲーデルの不完全性定理

Gödel's Incompleteness Theorems

ゲーデルの不完全性定理

　1930年、ウィーン大学の24歳の論理学者クルト・ゲーデルが「不完全性定理」を証明した。この定理は、自然数論を完全にシステム化できないことを表している。一般に、**有意味な情報を生み出す体系は自然数論を含む**ことから、**不完全性定理は、いかなる有意味な体系も完全にシステム化できないという驚異的な事実を示した**ことになる。物理学者ロバート・オッペンハイマーが「人間の理性一般における限界を明らかにした」と述べたように、不完全性定理は、人類の世界観を根本的に変革させたのである。

　誰よりも先に不完全性定理の重要性に気づいたプリンストン高等研究所の数学者ジョン・フォン・ノイマンは、ゲーデルの証明の数学的な厳密性を高く評価し、「時間と空間をはるかに越えても見渡せる不滅のランドマーク」だと賞賛した。ノイマンは、量子力学からゲーム理論にいたる数えきれない研究分野で独創的な業績を残し、現代のノイマン型コンピュータの創始者でもある。そのノイマンが、「20世紀最高の知性」と呼ばれるたびに、それは自分ではなくゲーデルだと答えた。

　不完全性定理を厳密に証明するためには、論理学と数学の非常に巧妙なテクニックを用いる必要があるが、不完全性定理のイメージは、これまでに紹介した論理パズルを活用してつかむことができる。以下、そのイメージを紹介しよう。

ナイト・クラブと
ネイブ・クラブのパズル

The Puzzle of Knight Club and Knave Club

[問題

　ナイトとネイブの島において、ナイトの一部は「ナイト・クラブ会員」であり、ネイブの一部は「ネイブ・クラブ会員」である。すべてのナイトは正直であり、すべてのネイブは嘘つきである。島のすべての住人は、ナイトかネイブのどちらかのままである。

　島の住人Xと出会ったとしよう。Xが「私はネイブ・クラブ会員である」

島の住人は4つの属性に分かれていることを認識しよう

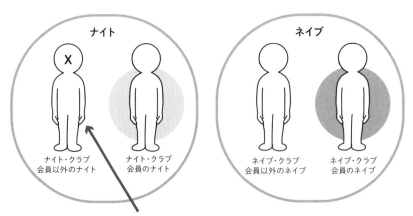

住人Xは、なんと言えば自分の存在を正しく伝えられるのか？

と言ったとする。もしXがナイトであれば、自分をネイブ・クラブ会員だと偽ることはないから、Xはナイトではない。一方、もしXがネイブ・クラブ会員であれば、自分をネイブ・クラブ会員だと正直に言うことはないから、Xはネイブ・クラブ会員でもない。したがって、Xはネイブ・クラブ会員ではないネイブである。

それでは、問題である。島の住人Xが、彼はナイトだがナイト・クラブ会員ではないことを一言で伝えようとしている。彼は、何と言えばよいのだろうか。

解答

Xは、「私はナイト・クラブ会員ではない」と言えばよい。**もしXがネイブであれば、自分はナイト・クラブ会員ではないと正直に言うことはないから、Xはネイブではない。**よって、Xの発言は真であり、それは彼がナイト・クラブ会員でないことを意味している。したがって、彼はナイトだがナイト・クラブ会員ではない。

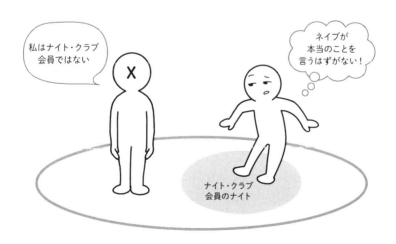

ゲーデルの証明

The Proof of Gödel

ゲーデルの証明

　ここで、ナイト・クラブとネイブ・クラブのパズルに登場する島の住人の発言を、次のような命題と置き換えてみよう。

　　ナイトの発言＝真の命題
　　ネイブの発言＝偽の命題
　　ナイト・クラブ会員の発言＝証明可能な命題
　　ネイブ・クラブ会員の発言＝反証可能な命題

　また、島では、「モダス・ポネンス」（仮言三段論法肯定式、→150ページ）の論証形式だけを用いるものとする。この論証形式が妥当であることは、すでに証明したとおりである。
　さらに、島の住人は、自然数論についての一個の命題しか発言しないことにする。たとえば、島の住人A〜Dは、次のように発言するとしよう。

　　A：「もしXが2の倍数であれば、Xは偶数である」
　　B：「4は2の倍数である」
　　C：「4は偶数である」
　　D：「4は偶数ではない」

このとき、AとBとCがナイトであり、Dがネイブであることは、明らかだろう。以下、これらの例を用いて、幾つかの言葉を定義する。

　すでに証明された命題から、論証によって論理的に導くことのできる命題を「証明可能な命題」と呼ぶ。たとえば、AとBは、すでに証明されたナイト・クラブ会員の発言とする。命題Cは、命題AとBにモダス・ポネンスを用いて導くことができるので、証明可能な命題である。これは、ナイトCが、ナイト・クラブ会員AとBの推薦によって、ナイト・クラブ会員になるというイメージである。そこで、ナイト・クラブ会員の行列は、証明の過程に相当することになる。

　逆に、**証明可能な命題を否定する命題が、「反証可能な命題」である。**すでにナイト・クラブ会員となったCの発言を否定するのが、命題Dである。したがって、Dは、反証可能な命題である。これは、Cと並んだ瞬間に、Dがネイブ・クラブ会員に変身すると考えればよいだろう。

　自然数論において、すべての真理を証明するシステムは、すべてのナイトをナイト・クラブ会員に変身させるシステムに相当する。これは、一見すると、簡単なことのように見える。ナイト・クラブ会員が集まって、島のすべてのナイトを探し出し、モダス・ポネンスを使って推薦してしまえば、ナイトを残らずナイト・クラブ会員にできるのではないだろうか。

　ところが、そうではないのである。その理由を、次に示そう。

　一般に、**システムSのすべての証明可能な命題が真であり、すべての反証可能な命題が真ではないとき、Sを「正常」と呼ぶ。**ナイト・クラブ会員がナイトに含まれ、ネイブ・クラブ会員とナイトが互いに交わらないことから、島のシステムは正常である。正常なシステムでは、偽の命題が証明されたり、真の命題が反証されたりすることがないわけである。

　また、**証明可能であると同時に反証可能である命題がSに存在しないとき、Sを「無矛盾」と呼び、それ以外のときSを「矛盾」と呼ぶ。**ナイト・クラブ会員とネイブ・クラブ会員が互いに交わらないことから、島のシステムは無矛盾である。無矛盾性は、証明可能性のみによって定義され、真理性には直接関与しない。このことは、無矛盾性がナイト・クラブ会員とネイブ・ク

住人をナイトクラブに入れる方法

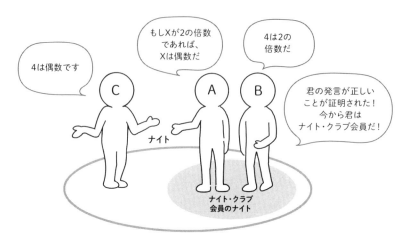

真偽不明の命題を話す住民(C)のところに、証明済みの命題を話すナイト・クラブ会員2人(A、B)が行く。そこで、「モダン・ポネンス」という論証形式を使って、住民の発言内容が正しいことを証明すれば、その住人(C)はナイト・クラブに加入できる。

ラブ会員のみによって定義されたことからも明らかだろう。ただし、Sが正常であれば、Sは自動的に無矛盾となる点に注意してほしい。

さらに、システムSの命題Xが証明可能か反証可能のどちらかであるとき、XをSで「決定可能な命題」と呼び、それ以外のときXをSで「決定不可能な命題」と呼ぶ。つまり、島の住人Xが、ナイト・クラブ会員かネイブ・クラブ会員のどちらかに決定できれば、Xは島のシステムで決定可能である。

システムSのすべての命題が決定可能であるとき、Sを「完全」と呼び、それ以外のときSを「不完全」と呼ぶ。島の住人全員が、ナイト・クラブ会員かネイブ・クラブ会員であれば、島のシステムは完全である。逆に、島にどちらかのクラブ会員でない住人がいれば、島のシステムは不完全である。

ここで、不完全性定理の結論を述べよう。一般に、システムSが正常であるとき、真であるにもかかわらず、Sでは証明可能でない命題が存在する。

この命題を「ゲーデル命題」と呼ぶ。実は、ナイト・クラブとネイブ・クラブのパズルの解答だった「私はナイト・クラブ会員ではない」が、ゲーデル命題の一例なのである。この命題は、「私はSで証明可能ではない」という命題を表している。

ゲーデル命題Gは真であり、システムSが正常であることから、Sで反証可能でもない。したがって、GはSで決定不可能である。ここから、次の結論が導かれる。

第1不完全性定理：システムSが正常であるとき、Sは不完全である。

さらに、島のシステムで、「ナイト・クラブ会員であると同時にネイブ・クラブ会員である者はいない」という命題も、実は、ゲーデル命題の一例である。この命題は、「Sは無矛盾である」という命題を表している。ここから、次の結論が導かれる。

第2不完全性定理：システムSが正常であるとき、Sは自己の無矛盾性を証明できない。

第1不完全性定理
自然数論を含む無矛盾な公理系には決定不可能な命題がある。

第2不完全性定理
自然数論を含む無矛盾な公理系の内部では、その無矛盾性を証明できない。

クルト・ゲーデル
（1906〜1978）

ゲーデルの証明の意味

The Meaning of Gödel's Proof

[ゲーデルの証明は何を意味するのか

　さて、ゲーデルの証明のイメージを思い浮かべることはできただろうか。実は、理解できなくて当然の部分があるのだが、その前にもう一度、基本的なアイディアを整理しておこう。

　ナイト・クラブ会員は、ぜひ会員を増やしたいと考えているとしよう。そこで、彼らは、島中のナイトに接近する。かりに「8は偶数である」と言うナイトを見つけたら、「もしXが2の倍数ならば、Xは偶数である」と言うナイト・クラブ会員と、「8は2の倍数である」と言うナイト・クラブ会員が飛んで来て、即座に彼を推薦する。すると、島の掟モダス・ポネンスによって、そのナイトはナイト・クラブ会員になる。このようにして、彼らは、ナイト・クラブ会員を増やしていく。

　ところが、ある日、彼らは、「私はナイト・クラブ会員ではない」と言う島の住人Gを発見する。この発言は、ネイブには不可能なので、Gはナイトに違いない。よって、Gの発言は真である。ところが、Gは自分はナイト・クラブ会員ではないと言っているわけだから、推薦のしようがない。

　万一彼をナイト・クラブ会員にしたとすると、Gは、会員であると同時に会員でないことになり、矛盾する。その場合は、島のシステム全体が矛盾することになる。したがって、Gがナイトであることはわかっているが、ナイト・クラブには入会させず、放っておくしかない。つまり、Gは、島のシステムで決定不可能なゲーデル命題なのである。

なぜナイトGはナイト・クラブに入会できないのか？

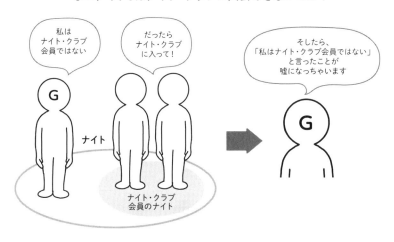

もし、Gが自然教論の発言をしていたら…

　ここまでは、イメージが浮かぶはずである。理解できなくて当然の部分に気づいただろうか。それは、Gの発言が、自然数論の発言ではないことである。島の住人は、「8は偶数である」とか「8は2の倍数である」など、自然数論についてしか発言しないはずである。なぜGだけが「私はナイト・ク

ラブ会員ではない」などと発言できるのだろうか。

　実は、ここが、ゲーデルの証明で最も独創的な部分である。ゲーデルは、「私はナイト・クラブ会員ではない」という命題を、「8は偶数である」とか「8は2の倍数である」などの自然数論の発言と、同じレベルで扱う方法を導入したのである。

　現実には、**ゲーデルは、「私はSで証明可能ではない」という決定不可能命題**（第1不完全性定理）と**「Sは無矛盾である」という決定不可能命題**（第2不完全性定理）を、**自然数論システムSの内部で構成する方法を導いた。この方法は、「ゲーデル数化」と呼ばれている。**

　ゲーデル数化は、自然数の中の「素数」（1とそれ自身の他に約数を持たない自然数。ただし1は素数とはみなさない）の性質を用いたテクニカルな方法によって、自然数論内部のすべての命題を、一定の規則にしたがって自然数に数値化する。自然数は、もちろん自然数論に含まれることから、自然数論内部に決定不可能な命題Gを構成できるわけである。

　さらに、ゲーデルは、命題Gが真であるときに限って、単一の解を持つ多項方程式Dを自然数論内部に構成する方法を示した。これによって、Dは真であるにもかかわらず、自然数論内部では証明できない「数学的命題」であることが明確になったわけである。

　ゲーデルの証明方法は、自然数論を含む数学システムすべてに適用できる。より一般的には、①一定の公理と推論規則によって構成され、②無矛盾であり、③自然数論を含む程度に複雑なシステムであれば、すべてに適応できるのである。これらのシステムは、すべて、不完全である。

　したがって、**いかなる数学システムにおいても、すべての真理を証明することは、不可能ということになる。**

　さて、自然数論は、数学の最も基礎に位置する算数である。それならば小学生でも知っていると思われるかもしれないが、ゲーデル数化にも表れているように、実は、驚異的に豊富な内容を含む宇宙なのである。たとえば、1742年、プロイセンの数学者クリスティアン・ゴールドバッハは、次の自然数論の命題を予想した。

ゴールドバッハの予想：4以上の偶数は、素数の和である。

ゴールドバッハの予想は、4=2+2、6=3+3、8=3+5、……と順に確認され、現在ではコンピュータ計算によって、10の18乗の4の倍数まで成立することがわかっている。ところが、極めて単純に見えるにもかかわらず、ゴールドバッハの予想は、未だに証明されていないし、反証も発見されていない。この命題の背景には、広大な未知が広がっているのである。

さらに、はるか昔の古代ギリシャ時代から知られているにもかかわらず、未解決の問題もある。

完全数の未解決問題：奇数の完全数は、存在するか？

自然数が、その数を除く約数の和で表されるとき「完全数」と呼ばれる。たとえば、6=1+2+3 であることから、6は完全数である。多くの完全数が発見されたが、それらはすべて偶数である。不思議なことに、奇数の完全数は、発見されていないのである！

というわけで、もしかすると「ゴールドバッハの予想」や「完全数の未解決問題」は、現在の数学の公理系からは導けないゲーデル命題かもしれないわけだが、実はそのことを決定する手段もないことがわかっているのである！

不完全性定理のアナロジー

The Analogy of Incompleteness Theorems

不完全性定理のアナロジー

不完全性定理は、たとえて言うと、どんなに完全な法律体系を作ろうとしても、その法律体系では捕えきれない「抜け穴」が必ず存在することを示している。

以前には存在しなかったネット犯罪のように、社会が変化すると従来の法律体系では取り締まれない新たな犯罪が発生する。そこで、新たな法律を作って、新たな犯罪に対応しようとするが、犯罪者は再び法律の「抜け穴」を見つけて、新たな法律体系で裁くことができない犯罪行為を繰り返す。ゲーデルの不完全性定理は、数学体系において、それと似たような状況が生じ

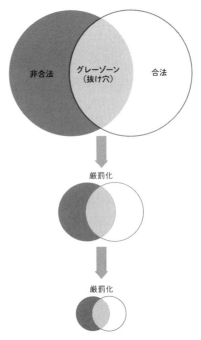

どんなに精緻な法律体系をつくっても必ず抜け穴がある

数学が高度に発展したとしても証明も反証もできない命題があることを示した不完全定理に似ている。

ることを証明したわけである。

どんなに証明が難解な数学の命題も、いずれ数学が発展して新たな定理を発見していけば、それらを用いて真偽を決定できるはずだと多くの数学者たちは考えてきた。ところが、ゲーデルは不完全性定理でその夢を打ち砕いた。どんなに数学が発展し、新たな公理や定理を追加したとしても、そこには証明も反証もできない命題Gを構成できるのである。

また、第2不完全性定理は「公理系に矛盾がない」という命題を公理系内部で証明できないことを示している。つまり「公理系に矛盾がない」という命題は、その公理系における決定不可能命題なのである。第2不完全性定理を一言で言えば、「自分に矛盾がないことを自分自身では証明できない」ということになる。人間を一個のシステムとみなせば、我々は自己の無矛盾性を自分では証明できないわけである！

不完全性定理に対する過大評価と過小評価

最後に、**不完全性定理は自然数論を含むシステムの不完全性を示しているのであって、数学そのものに「欠陥」があると主張しているわけではない点**に注意してほしい。不完全性定理によって数学の「欠陥」が証明されたと「過大評価」して主張するような社会学者や哲学者もいるが、それはまったくの誤解である。現代数学で証明された内容は真実であり、そこに虚偽が含まれるようなことはない。

一方、「不完全性定理は数学の定理の一つにすぎない」という考え方も極端な「過小評価」といえる。人間がどんなに完璧なシステムを目指しても、そのシステムが自然数論を含む以上、そこには限界があり、すべての真理を汲み尽くせない。この帰結は、哲学や宗教学にも大きな影響を与えてきたが、たしかに衝撃的な事実といえるだろう。

第 4 章

論理を突き詰めると どうなる？
パラドックス

全能のパラドックス

The Omnipotence Paradox

全能のパラドックス

正しく見える前提と、妥当に見える推論から、受け入れがたい結論が導かれる現象を「パラドックス（paradox）」と呼ぶ。

　古代ギリシャ時代から現代にかけて、無数のパラドックスが議論されてきたが、なかでも有名なのが「全能のパラドックス」である。

　一般に「全能」とは「何でもできる（できないことはない）」という意味である。古代から有名な「全能のパラドックス」の事例は、「全能者は自分で持ち上げられないほど重い石を作ることができるか？」という質問である。

　これ以外にも、「全能者は自分で解けない問題を作ることができるか？」とか「全能者は自分よりも強いボクサーを生み出すことができるか？」など、さまざまなバリエーションが提起されてきた。基本的には「全能者は全能であることをみずから制限して、全能でない存在になることができるか？」という問題だといえる。

　もし全能者が自分で持ち上げられない石を作ることができるとすると、その時点で全能者はその石を持ち上げられないので「何でもできる」存在ではなくなる。逆に、そのような石を作れないとすると、やはりその時点で「何でもできる」存在ではなくなってしまう。

　全能のパラドックスは、古代から哲学者や神学者たちを悩ませてきた。このパラドックスの存在自体が「全能者が存在できない証拠」とみなす見解もある。一方、「石を持ち上げられないことも能力の一つ」とか、「全能者は自

全能者は自分で持ち上げられないほど重い石を作ることができるか？

作れる
全能者の力では持ち上げられないので、全能ではなくなる。

作れない
作れないものがあるので、全能ではない。

分でも持ち上げられない重い石を作り、それを後から軽くして持ち上げることができる」などと詭弁で逃れようとする神学者もいた。

　実は、**このパラドックスは、そもそも「全能」という概念の定義が曖昧なために生じると考えられる。**「何でもできる」のであれば、命題Pに対して「PかつPでない」にできるのか、「1+1=100」にできるのか、「四角い円」を作ることができるのかなど、論理的に不可能なことまでできるのか、という疑問が生じる。

　実際には、**この議論は「神であっても論理に従う存在」なのか、「神は論理を超えた存在」なのかという神学論争につながる。**とはいえ、**基本的にあらゆる学問は論理を基盤にしているわけだから、「論理を超えた存在」を持ち出されると、もはや学問は成立しなくなってしまう。**

　それでも古代から「唯一神」を信仰する人々は、何とかして「神」の存在を証明しようとした。もし神の存在を証明できれば、揺るぎない信仰を持つことができるし、もちろん布教にも大いに役立つからである。

　以下、よく知られる3種類の古典的な「神の存在証明」を挙げるので、読者にはどこに論理的な問題があるのか、探し出してほしい。

宇宙論的証明

Cosmological Proof

古典的論争1:「神の宇宙論的証明」

　今、読者はこの世界に存在し、この文章を読んでいる。読者が生まれてくるためには、読者の両親が存在しなければならなかったし、そのためには、読者の父と母にそれぞれの両親が存在しなければならなかったはずである。

　つまり、人間が存在するためには、先祖が存在しなければならない。さらに、その先祖を何世代も何百世代も何千世代も遡っていくと、最初のホモ・サピエンスに到達するだろう。

　さらに、440万年前のラミダス猿人に遡り、その前の類人猿の先祖を遡れば、原始生物として最初のバクテリアが存在するはずである。その最初の生命が誕生するためには地球が存在し、そのためには太陽系や銀河系が存在し、そのためには138億年前のビッグバンが生じなければならなかった。

　あらゆる出来事には原因と結果があり、原因がなければ結果は存在しない。しかし、この原因を永遠に問い続けることはできない。もし宇宙がビッグバンで始まったのであれば、そこには最初の始まりの原因が存在しなければならない。その第一原因こそが「神」である。

　13世紀にスコラ哲学を完成させた神学者トマス・アクィナスは、この「神の宇宙論的証明」をいくつかの異なる表現で示している。「どんな物も、それに先立って動かす者がなければ動かないから、何かが最初の動きを与えたに違いない」とか、「何も存在しなかったところに物理的宇宙を存在させたのは、非物理的な存在でなければならない」とも述べている。いずれにして

アクィナスの宇宙論的証明の概念図

すべての結果には原因があるが、第一原因として神がいなければならない

も「第一原因としての神」が存在しなければならないという結論に導く論法である。

アクィナスの宇宙論的証明は、次の論証で表すことができる。

さて、読者は、この論証に反論できるだろうか？

仮定1	すべての結果には、原因がある。
仮定2	因果関係は、無限に連鎖しない。
結論	因果関係の最初に、第一原因（神）が存在しなければならない。

「神の宇宙論的証明」への反論

　あらゆる結果には先立つ原因があるはずであり、その最初の原因を与えた第一原因としての神が存在するはずだという論証に対しては、どうして「神」で話を止めるのかと問い返すことができる。つまり、その「神」はどこから出てきたのかを尋ねればよいのである。論理的には、「仮定2」の真偽性を問うことになる。

　ケンブリッジ大学の哲学者バートランド・ラッセルは、この反論を説明するために、ヒンドゥー教の一宗派の神話を持ち出している。

　その神話によれば、世界を支えているのは3頭の巨大なゾウで、それらのゾウを支えているのは1匹の巨大なカメで、そのカメはとぐろを巻いたヘビに乗っている。そのヘビはどこに乗っているのかと尋ねると、ヒンドゥー教徒は「話を変えましょう」と答えるそうだ。

存在論的証明

Ontological Proof

古典的論争２：「神の存在論的証明」

「神の存在論的証明」は、「神は全能である」という定義から出発する。読者は、「神は全能である」ことを認めるだろうか？

仮に読者が「認める。神である以上、できないことはないはずだ」と認めてしまうと、読者は「神の存在」を認めなければならなくなってしまうのである！

この論法は、非常に巧妙なので注意してほしい。読者が、「神である以上、できないことはない」と認めると、神にできないことはない以上、たとえば「神」は一瞬にして地球の反対側に行けるし、空を飛ぶことができるし、泳ぐこともできることを認めることになる。

さて、人間は、一瞬にして地球の反対側に行くことも、空を飛ぶようなこともできないが、泳ぐことや存在することはできる。そもそも存在するというのは非常に簡単なことで、ゴキブリやウイルスのように忌み嫌われる対象でさえ、勝手気ままに存在している。

それなのに、もし「全能の神」が存在のように簡単なこともできなかったら、「全能」という定義に矛盾することになる。したがって、「全能の神」は存在しなければならない。

さて、読者は、この論証に反論できるだろうか？

「神の存在論的証明」への反論

　この論証は、**「神は全能である」と認めたら「神は存在する」**ことも認めなければならなくなる仕掛けになっている。ところが、すでに最初に述べたように、「全能」という概念が曖昧なため、この概念を用いる論証は「全能のパラドックス」を生じさせてしまう。したがって、この論証は成立しない。

　歴史上、最初に「神の存在論的証明」を試みたのは、11世紀のカンタベリーの大司教アンセルムスである。彼が1078年の著作『プロスロギオン』で行った推論は、次のように構成されている。

定義	神は、それよりも大なるものが可能でない対象である。
仮定1	神は、理解において存在する。
仮定2	神は、事実において存在する可能性がある。［可能性］
仮定3	もし任意の対象が、理解においてのみ存在し、事実において存在する可能性があれば、その対象は、それ自身よりも大なる可能性がある。
背理4	神は、理解においてのみ存在すると仮定する。
背理5	神は、神自身よりも大なる可能性がある。
背理6	神は、神自身よりも大なるものが可能な対象となる。
背理7	それよりも大なるものが可能でない対象が、それよりも大なるものが可能な対象となることはない。
背理8	神は、理解においてのみ存在することはない。
結論	神は、事実において存在しなければならない。［必然性］

　アンセルムスの推論で独創的なのは、「可能性」から「必然性」を導く論法である。一般に「神の存在論的証明」の中心課題となるのは、いかにして「存在するかもしれない」から「存在しなければならない」を導くかという問題になる。

　アンセルムスは、神を「それよりも大なるものが可能でない対象」と定義することによって、この問題を解決しようとした。ここで「可能でない」とは、アンセルムスによれば、何人も「考えることができない」という意味で

ある。たとえば、次の神Aと神Bを考えてみよう。

神A：心の中だけに存在する神。
神B：心の中に存在し、しかも本当に存在する神。

　読者は、神Aと神Bを考えることができるだろうか？
　アンセルムスによると、もし両方を考えることができるならば、そのこと自体が矛盾である。なぜなら、神は、それよりも大なるものを考えることのできない対象である（定義）にもかかわらず、神Aよりも大なる神Bを、考えることができる（仮定3）からである。
　アンセルムスが、神Aと神Bを比べて、BがAよりも大なるものと推論しているのではない点に注意してほしい。彼は、神Aと神Bを考えることのできる心の中に、推論を展開しているのである。つまり、**心の中だけに存在する神を考えること自体が、その心の中に矛盾を生じさせる仕組みになっている**。
　したがって、**アンセルムスの定義を認めると、背理法により、神は、心の中だけに存在するものではない。しかし、神は、すでに心の中で考えることができ**（仮定1）、**しかも本当に存在すると考えることもできる**（仮定2）。**ゆえに、神は、本当に存在しなければならない**（結論）ことになるわけである。
　神学史上、アンセルムスが高く評価されたのは、神を「それよりも大なるものが可能でない対象」と明確に定義した点にある。これによって、彼は、キリスト教の神の概念を確立し、「スコラ哲学の父」と呼ばれるようになった。
　一方、アンセルムスの論証に対しては、発表当時から批判があった。最初に反論を述べたのは、修道士ガウニロである。彼は、アンセルムスの推論は、神以外の対象にも適用できると主張し、「並行推論」を用いて、それを例証した。ガウニロは、アンセルムスとまったく同じ論証形式を用いて、事実上存在しない「それよりも大なるものが可能でない島」を証明してみせたのである。ガウニロの反論に対して、アンセルムスは、「神以外の対象に存在論的証明を用いてはならない」と答えたが、その理由は何も語っていない。彼

の回答は、先のヒンドゥー教徒の「話を変えましょう」と同類といえる。

17世紀になると、フランスの哲学者ルネ・デカルトが、再び「存在論的証明」に目を向けた。彼は、著書『哲学原理』において、3個の角を持たない三角形が不可能であるのと同じ理由で、「存在しない神も不可能」だと述べている。なぜなら、「神」は完全であり、存在は「完全」の一性質とみなされるからである。

よく知られているように、デカルトは、すべてを疑っても、疑っている「我」そのものは消去できないことから、「我思う、ゆえに我在り」を導こうとした。

さらに、彼は、外界の対象を「存在」の性質を持つか持たないかによって区別した。たとえば、デカルトによると、事実上の銀貨は、存在の性質を持つが、概念上の銀貨は、存在の性質を持たない。

つまり、任意の対象は、「存在」の性質を持つか持たないかのどちらかである。ここで、デカルトは、**「完全」の性質を持つにもかかわらず、「存在」の性質を持たない対象は、矛盾すると考えた。なぜなら、いかなる性質も所有できることが「完全」の意味だからである。よって、「完全」の性質を持つ対象は、「存在」の性質も持たなければならない。つまり、「完全な神」が「存在」しなければならない**という論法である。

デカルトの存在論的証明は、次の論証で表すことができる。

仮定1	神は完全である。[定義]
仮定2	もし神が完全であれば、神は存在する。
結論	ゆえに、神は存在する。

この推論形式は、すでに説明した「モダス・ポネンス」(→116ページ)であり、妥当な推論である点に注意してほしい。この形式では、もし仮定1と仮定2が真であれば、結論も真でなければならない。この意味で、デカルトの論証形式は、命題論理によって保証されているのである。ただし、「完全」も「全能」と同じように曖昧な概念である点に注意してほしい。

そもそも、いかに論証形式が妥当であっても、仮定1と仮定2がともに真でなければ、デカルトの論証は成立しない。ここでも、アンセルムスに対す

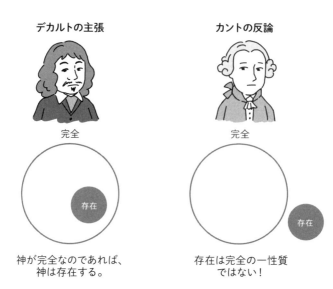

るガウニロと同じように、並行推論を用いることができる。もし「魔力」の性質が「存在」の性質を含むほどに強力であれば、デカルトとまったく同じ推論形式を用いて、次のような悪魔の存在を証明できることになる。

仮定1	悪魔は魔力を持つ。[定義]
仮定2	もし悪魔が魔力を持つならば、悪魔は存在する。
結論	ゆえに、悪魔は存在する。

　この種の「存在」の用法を強く批判したのが、ドイツの哲学者イマヌエル・カントである。彼にとって、「存在」は、「完全」の一性質ではないし、「魔力」の一性質でもない。というよりも、**カントは、「存在」を他の概念の性質とみなすこと自体を否定したのである。**

　カントは、**事実上の「存在」は、概念と事実の経験的な対応においてからしか得られないと考えた。したがって、彼は、デカルトの推論の仮定2を否定し、証明そのものを拒否した**わけである。カントは「概念上の銀貨をいくら分析しても、事実上の銀貨は出てこない」と明確に述べている。

目的論的証明

Teleological Proof

古典的論争３：「神の目的論的証明」

「神の目的論的証明」は、この世界は何らかの目的があって創造されたに違いないと想定し、その設計者としての「神」がいなければならないと結論づけようとする。

18世紀のイギリスの神学者ウィリアム・ペイリーは、野原を歩いていて時計を拾ったら、この物体をどのように考えるべきか、という有名な例を挙げている。時計は、時刻を表示するという明確な「目的」を果たすため、非常に複雑かつ精密な「デザイン」に基づいて製作されている。したがって、この時計が自然界の偶然によって生み出されたはずはなく、設計して製作した人間が存在するに違いないと推測するのが当然だろう。

それと同じように、**自然界の植物や昆虫、さまざまな動物や人間の構造を見ても、何らかの目的と厳密に計算された設計があるようにしか考えられない。この世界に設計があったとすれば、その背景には設計者としての創造主が存在しなければならないはずである。その存在こそが「神」である**というのである。

さて、読者は、この論証に反論できるだろうか？

「神の目的論的証明」への反論

この「目的論的証明」は、アクィナスの「宇宙論的証明」とアンセルム

スの「存在論的証明」以上に現在も人気のある論証である。

　自然界の食物連鎖などを考えてみても、とてもうまくデザインされているように見えるし、自然や宇宙の存在には何らかの目的があるようにも思えるからである。

　しかし、自然界の生命の複雑性や多様性は、「進化論」によって明快に説明することができる。オックスフォード大学の生物学者リチャード・ドーキンスは、1986年に発表した『盲目の時計職人』において、次のように述べている。

「ダーウィンが発見し、いまや周知のものとなった自然淘汰は、盲目の意識をもたない自動的過程であり、何の目的ももっていない。自然淘汰には、心もなければ心の内なる直観もない。将来計画もなければ、視野も、見通しも、展望も何もない。もし自然淘汰が自然界の時計職人の役割を演じていると言うなら、それは盲目の時計職人である」

　ここで注意してほしいのは、「自然淘汰」が「偶然」とは根本的に異なる概念だということである。そもそも「自然淘汰」とは、生存に有利な遺伝的形質をもつ個体が、より多くの子孫を残すことによって、数百万年から数千万年といった非常に長期的な時間を経て、種の形質が置き換えられていく状況を表している。

　たとえばキリンを例にすると、突然変異で生じた首の長いタイプのキリンは、短いタイプのキリンよりも高い木の葉を食べるのに適していたため、より多くの子孫を残し、結果的に首の長い種に置き換えられていったわけである。

　つまり、**「首の長いキリンが高い木の葉を食べるのに適していたため残った」のが事実であって、目的論者が言うように「高い木の葉を食べるためにキリンの首が長くなった」のではなく、まして創造論者の言うように「高い木の葉を食べるのに便利なように首の長いキリンを神が創造した」わけではない。**

　ここで「創造論者」と呼んでいるのは、あからさまに世界を「神が創造した」とは言わずに世界は「インテリジェント・デザインに基づいて創造さ

た」と主張する一部のキリスト教徒のことである。

　生命誕生の背景に「神」を直接持ち出すよりも「知的設計」があったと言う方が布教しやすいからだと思われるが、この論証を信じる生物学者や物理学者が存在することも事実である。

　ちなみにインテリジェント・デザイン論者の中には、おおむね進化論を認めたうえで、「自然淘汰」こそが「神がその創造を達成するために用いた方法」だとみなしている人々もいる。ただし、この論証には「宇宙論的証明」に対するのと同じ反論を提起することができる。

　もし生物の複雑性や多様性を「自然淘汰」で説明できるならば、さらにその設計者としての「神」を持ち出すのは、いたずらに問題を複雑にするだけである。というのは、仮に「自然淘汰を設計した神」が存在するならば、その神はどこで設計されたのかという新たな問題が生じるからである。

　さて、それでは「目的論的証明」あるいは「インテリジェント・デザイン」に対する明確な反論を挙げよう。

　それは、生物の「脳」である。**インテリジェント・デザイン論者によれば、脳こそが地球上で最も高度に「設計」された生物のシステムだが、実際の生物の脳は、すべて進化の過程において部品が継ぎ足された寄せ集めにすぎない。**

　その起源は、およそ5億年前に出現したホヤの「神経管」にあり、魚類・両生類・爬虫類では脳の大部分を神経管の膨らんだ「脳幹」が占め、鳥類・哺乳類になると「小脳」と「大脳」が大きくなり、霊長類で大脳の新皮質が発達して、初めて高度な知性が生じる。

　つまり、生物の脳は、それぞれが構造に合わせて設計されたものではなく、新たな機能が継ぎ足されて進化してきたわけで、ヒトの脳には生物の進化の歴史が刻まれているわけである。

　非常に単純化すると、トカゲの脳の上に大脳辺縁系(だいのうへんえんけい)を継ぎ足したものがネズミの脳で、それに新皮質を継ぎ足したものがヒトの脳なのである。もちろん、ヒトの新皮質は大脳全体の九割以上もあるため、ネズミの脳の機能とは比べ物にならないが、構造上はネズミの脳を土台にしているわけである。

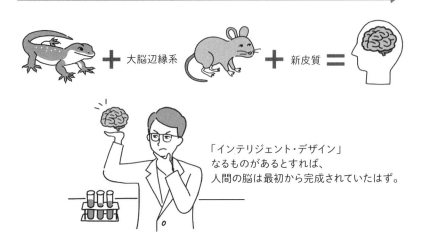

　仮に「神」が自分の姿に似せて「アダム」を創造したならば、アダムの「脳」は最初から完成された機能を持っているはずである。コンピュータに例えると、アダムの「脳」には最初から最新の「ウインドウズ11」が組み込まれているはずである。

　ところが、人間の脳を調べてみると、そこには「ウインドウズ1」から始まって、「ウインドウズ11」に至るまで10回もアップデートされた痕跡があったとしたら、どうだろう？　このコンピュータは最新型ではなく中古品であるに違いない。つまり、進化の痕跡が明確に脳に残っている人間は、いわば「中古品」であり、最初から「完成品」として創造されたとは、とても考えられないわけである。

　ジョンズ・ホプキンス大学の神経生理学者デイビッド・リンデンは、「脳はさまざまな側面から見て、もし誰かが設計したのだとしたら、『悪夢』と言えるくらい酷いものだ」と述べているが、このことからもインテリジェント・デザインなどなかったことは明らかだろう。

ワニのパズル

Crocodile Puzzle

真と偽の意味

　論理学を学ぶ学生から寄せられる質問に、論理学や論理的思考の重要性はわかるのだが、どうも人間味がなくてスッと頭に入ってこないというものがある。そこで今回は、「真」と「偽」に対する信念や心情についても踏み込んで考えてみよう。まず有名な「ワニのパズル」を考えてみてほしい。

問題

　母親から子どもを奪った人食いワニが、「もし俺がどうするか当てたら、子どもは返してやろう。だが、当てなければ、子どもを食べてしまおう」と言った。そこで、母親があることを言うと、ワニは何もできなくなったので、その瞬間に、母親は子どもを奪い返すことができた。母親は、何と言ったのだろうか。

解答

　母親は、「あなたは、私の子どもを食べるでしょう」と言ったのである。**ワニが子どもを食べると、母親の発言は真となり、ワニの行動を当てることになる。よって、ワニは子どもを返さなければならない。一方、もしワニが子どもを返せば、母親の発言は偽となり、ワニの行動を当てないことになる。**

よって、ワニは子どもを食べなければならない。どちらにしても矛盾が生じるため、ワニは、口を開けたり閉じたりして、何もできなくなった。その隙に母親は子どもを奪い返すことができたのである。

ワニのパズルは、古代ギリシャ時代に作られたものだといわれている。このパズルの興味深いところは、母親が「感情的」には最も恐ろしい結末である「あなたは、私の子どもを食べるでしょう」という解答を「論理的」に導いて返答する点にある。

ワニの行動を予測すると、ワニは身動きが取れない

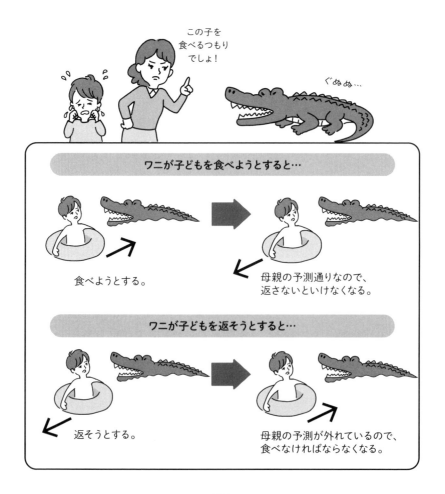

自己言及のパラドックス

The Self-reference Paradox

自己言及

　すでに説明したように、パラドックスは「逆説」や「二律背反」などと訳されることもあるが、論理的には「矛盾」を指すと考えればわかりやすいだろう。たとえば、最も単純なパラドックスは、「私は、嘘つきである」という発言である。もしこの発言が真であれば、私は嘘をついていることになり、発言は偽になる。一方、この発言が偽であれば、私は嘘つきでないことになり、発言は真になる。したがって、矛盾する。

「嘘つきのパラドックス」には、無数の例がある。「この文は偽である」という文、「落書きするな」という落書き、「ステッカー禁止」と書いたステッカーなどである。**これらのパラドックスの特徴は、何らかの形式で自己について否定的に言及することによって、矛盾を生じさせている点**にある。不完全性定理を証明した論理学者クルト・ゲーデルは、このような「自己言及」から

自己言及のパラドックスとは？

ゲーデル命題を類推したわけである。

嘘つきのパラドックスを回避することは、簡単だと思われるかもしれない。これらは真偽を決定できない文なのだから、疑問文・感嘆文・命令文などと同じように、命題ではないと定義すればよいのではないだろうか。

ところが、そのように簡単な話ではないのである。というのは、もし自己言及そのものを命題と認めなければ、「私は男である」や「私は学生である」のような命題を排除することになる。もし否定的な自己言及を命題と認めなければ、今度は、「私は男ではない」や「私は学生ではない」のような命題を排除することになる。いずれにしても、このように最も基本的な命題を排除すれば、システムや言語自体が成立しなくなってしまう。

チンパンジーのアナロジー

システムが成立しなくなる例を挙げよう。

ある動物心理学者が、チンパンジーの学習能力をテストしている。彼は、正方形の部屋にチンパンジーを入れて、部屋の片隅に立っている。部屋の中央の天井から、一本のひもが吊るされ、その先にバナナがぶら下がっている。ただし、バナナは、チンパンジーが飛び上がっても届かないように調整されていた。

床には、大小さまざまな形の箱が散らばっている。チンパンジーが適当な箱を選んで、うまく積み上げ、その上に乗ってバナナを取るためである。テストの目的は、チンパンジーがバナナに達するまでの行動を観察し、その知的能力を測定することにあった。

チンパンジーは、しばらく箱を動かした後、動物心理学者の側に寄ってきた。そして、彼の顔を見上げ、ズボンの裾を引っ張った。何か理由があって、場所を移動してほしいと訴えているかのようだった。動物心理学者は、チンパンジーに引っ張られるままに、少しずつ場所を移動した。部屋の中央に近づいたとたん、突然チンパンジーは、彼の肩に飛び上がり、バナナをつかみ取ったのである！

相互言及のパラドックス

The Paradox of Mutual Reference

相互言及

　嘘つきのパラドックスから簡単には逃れられないことは、古代ギリシャ時代からわかっていたことである。たとえば、ソクラテスが「2は奇数である」と発言し、プラトンが「ソクラテスの発言は偽である」と発言したとする。このとき、ソクラテスの発言は偽であり、プラトンの発言は真である。どちらも、明らかに命題である。それでは、次の会話は、どうだろうか。

ソクラテス：プラトンの発言は真である。
プラトン：ソクラテスの発言は偽である。

　これらの発言は、**「自己言及」ではないが、「相互言及」によってパラドックスを生じさせている**ことがわかるだろう。もしソクラテスの発言が真ならば、「ソクラテスの発言は偽である」が真になり、矛盾する。もしソクラテスの発言が偽ならば、「ソクラテスの発言は偽である」が偽になり、よって、ソクラテスの発言は真となり、これも矛盾する。

　1枚のカードの表に「このカードの裏の命題は真である」と書き、裏に「このカードの表の命題は偽である」と書いても同じ矛盾が生じる。さらに、カードの両面に「このカードの裏の命題は偽である」と書くだけでも、嘘つきのパラドックスが生じるのである。したがって、仮に自己言及を回避したとしても、嘘つきのパラドックス自体は消えない。

本当のことを言っているのはどっち？

タルスキーの真理の対応理論

　実は、古代ギリシャ時代以来の嘘つきのパラドックスを根本的に解決したのも、不完全性定理（→147ページ）だった。ゲーデルは、「証明可能性」はシステム内で定義できるが、「真理性」はシステム内で定義できないことに気づいていた。

　この側面から不完全性定理に新たな証明を与えることによって、真理の対応理論を厳密に構成したのが、論理学者アルフレッド・タルスキーである。

　たとえば、「プラトンの発言は偽である」という命題は、「『ソクラテスの発言は偽である』という命題は偽である」という命題を指す。

　そのとき、**最初の「偽」と次の『偽』は、それぞれがレベルの異なるシステムに対応した言語と考えられる。**

対象言語とメタ言語

　タルスキーは、一般に、対象を指示する「対象言語」と、対象言語を指示する「メタ言語」を区別した。たとえば、リンゴを指示する「これはリンゴである」という文は、対象言語に含まれる。「『これはリンゴである』という

文は真である」という文は、対象言語そのものを対象にしているので、メタ言語に含まれる。

　メタ言語を対象にするためには、さらに高次のメタ・メタ言語が必要になるわけである。ところが、日常言語内部には、本来はレベルの異なる言語が混在しているために、ゲーデル命題が生じる。それが、嘘つきのパラドックスの正体と考えられる。

　ナイトとネイブのパズルでは、島の「内部」のナイト・クラブ会員の発言によって、証明可能性を定義した。しかし、真理性については、島のシステムの「外部」で定義したことを思い出してほしい（→148ページ）。**あるシステムにおいて、証明可能性を超えた真理性を判断するためには、それよりも上のレベルのシステムに「飛び出す」必要がある**わけである。

　逆に言うと、不完全性定理は、自己言及を可能にする程度に複雑なシステムにしか適応できない。たとえば、将棋やチェスも一種のシステムだが、これらのシステムに不完全性は存在しない。ゲームの複雑性ではなく、システムの自己言及の複雑性が、不完全性定理を生じさせているのである。

　チンパンジーのアナロジー（→178ページ）で味わってほしいのは、チンパンジーの行動が、システムから「飛び出た」感覚である。動物心理学者の実験システムは、①チンパンジー、②箱、③バナナの3つの前提によって構成されていた。

　ところが、チンパンジーはシステムの内部にいた動物心理学者自身を利用してバナナを取ってしまった。つまり、動物行動学者は、彼の実験システムそのものを崩壊させてしまったのである。

　本来、動物行動学者は部屋の外から（メタ言語）、部屋全体を（対象言語）掌握し、チンパンジー（対象）を観察しなければならなかったわけである。

自意識のパラドックス

The Paradox of Self-consciousness

自意識のパラドックス

　もう一度、ナイトとネイブのパズルを振り返ってみよう。ナイトとネイブの島の住人Xが、「私はネイブである」と発言した場合、Xの正体は何者か、という問題である。この発言が島のシステムで不可能なことは明らかだろう。

　ところが、このパズルに対して、「Xは、自分をネイブと信じているナイトなのです」と答えた学生がいて、一瞬考えてしまったことがある。Xは、自分の信念を正直に発言しているのだから、「私はネイブである」と言っても嘘にならないはずだ、というのが、彼女の解答の理由である。**「間違ったことを信じる正直者」については、どのように考えればよいのだろうか。**

　たとえば、2を奇数と信じるナイトを考えてみよう。彼が自分の信念を正直に発言すると、「2は奇数である」という命題になるが、これは、真理の対応理論により、事実に反するので偽である。ナイトの発言はすべて真であるという前提が与えられている以上、「2は奇数である」と発言するナイトは考えられない。同様に、いかなるナイトも「私はネイブである」とは発言できない。したがって、「自分をネイブと信じているナイト」という解答も成立しないことになる。

　とりあえず、このように答えておいたが、実は、この学生の解答は、「発言」の真理性から「信念」の真理性に踏み込むという意味で、新たな視点を与えているのである。

　たとえば、ブラジルの首都について考えてみよう。Aはブラジリアと信じ、

Bはリオ・デ・ジャネイロと信じているとする。事実としては、1960年にブラジリア遷都が行なわれているため、Aの信念は真であり、Bの信念は偽である。

さて、ここで誰かがAとBにブラジルの首都を尋ねたとしよう。このとき、Aが故意に自分の信念に反して「リオ・デ・ジャネイロ」と答えれば、Aが嘘つきであることは明白である。しかし、Bが自分の信念に正直に「リオ・デ・ジャネイロ」と答えた場合は、どうなるのだろうか。つまり、**Aの嘘は「意識的」であり、Bの嘘は「無意識的」であるとき、それをどのように解釈するのか**という問題である。

大学でこの話をすると、意見は2つに分かれる。一方の意見は、真理の対応理論に基づき、Bの「発言」が偽であることを重視する。したがって、Bは、やはり「嘘つき」である。他方の意見は、Bを「嘘つき」と呼ぶのは「かわいそう」なのであって、Bは単に「間違っている」と呼ぶべきであるという。どちらかというと、後者の方が、多数意見になることが多い。

その後も議論は続くが、結局、学生諸君の日常会話においては、意識的な嘘をつく人が「嘘つき」なのであって、無意識的な嘘をつく人は「間違っている人」と呼ばれているようである。

それでは、意識的な嘘と無意識的な嘘を、どのようにして見分けるのだろうか。「そんなことは、目を見れば簡単にわかりますよ」というのが、彼らの答えである。

間違ったことを信じる正直者は、「間違っている人」で納得することにしよう。それでは、間違ったことを信じる嘘つきは、どうなるのだろうか。これについては、次のような話がある。

精神科の医者が、ある患者を嘘発見器にかけることにした。医者は、「あなたはナポレオンですか」と尋ねた。患者は、「いいえ」と答えた。ところが、嘘発見器の判定によれば、患者は嘘をついている！

つまり、この患者は、自分がナポレオンだと信じ込んでいるが、その真実を話すと殺されるという妄想を抱いているため、自分の信念に対して嘘をついている。つまり、彼こそが「間違ったことを信じる嘘つき」なのである！

双子のパズル

Twins Puzzle

「自意識のパラドックス」を参考にして、次のパズルを解いてほしい。

[問題

見分けのつかない双子の兄弟がいる。1人は正直者であり、他の1人は嘘つきである。さらに、正直者の信じている命題はすべて真であり、嘘つきの信じている命題はすべて偽だとする。つまり、2人は、正しいことを信じる正直者と、間違ったことを信じる嘘つきである。

たとえば、彼らに、「2は偶数ですか」と尋ねたとしよう。正しいことを信じる正直者は、2が偶数であると信じ、その上で正直に「はい」と答える。

正直者と嘘つきを見分ける質問はあるのか？

間違ったことを信じる嘘つきは、2が偶数ではないと信じているが、その上で嘘をつくから、やはり「はい」と答える。

それでは、2人はどのような質問に対しても同じように答えるのだろうか。実は彼らに「はい」か「いいえ」で答えられる一つの質問をして、正直者と嘘つきを見分けることができる。どのような質問をすればよいだろうか。

解答

「あなたは正しいことを信じる正直者ですか」と質問すればよい。正しいことを信じる正直者は、自分が本人であると正しく信じ、その上で正直に「はい」と答える。間違ったことを信じる嘘つきは、自分が本人であると間違って信じ、その上で嘘をつくから「いいえ」と答える。

2人は、一般的な質問には同じように答えるが、自己言及に関する質問に対しては、変化が生じる点に注意してほしい。ここで、「あなたは正しいことを信じる正直者ですか」の指示句「あなた」は、異なる対象人物について言及している。したがって、返答も異なるわけである。

正しいことを信じる正直者の名前はホームズであり、間違ったことを信じる嘘つきの名前はモリアーティであるとしよう。この場合は、もっと簡単に2人を見分けることができる。「あなたはホームズですか」と聞けばよいのである。ホームズは、自分が本人であることを正しく信じ、その上で正直に「はい」と答える。モリアーティは、自分がホームズだと間違って信じ、その上で嘘をつくから「いいえ」と答える。

國學院大學と工学院大学

私が「自意識のパラドックス」を踏み込んで考えるようになったきっかけは、國學院大學に赴任したばかりの頃、ある学生から次の話を聞いたことにあった。当時は、現在のようにインターネット環境が整っていないため、簡単に情報検索ができない時代だった。

学生Xは、生まれてから小学校までを東京で過ごし、その後、父親の転勤により関西に引っ越して、それ以降は、ずっと大阪で育った。

　彼がよく覚えている東京での数少ない思い出の一つが、両親と共に新宿の京王プラザホテルのレストランで楽しく食事をしたことだった。その日、新宿駅西口からホテルに歩いていく最中、父親が「こんなところに工学院大学があるんだね」と言い、母親が「新宿駅西口からすぐで便利ね」と言った。

　その会話を聞いていた幼いXには「コウガクイン」が「コクガクイン」に聞こえたため、Xは「國學院大學は新宿駅西口の側にある」と信じ込んでしまった。

　さて、Xの高校の同級生Yは日本史に興味があり、國學院大學文学部史学科を受験することにした。Yは生まれてからずっと大阪育ちで、東京のことはまったく知らない。そこでYは、以前東京に住んでいたXに國學院大學の場所を尋ねた。するとXはYに「國學院大學だったら新宿駅西口の京王プラザホテルのすぐ側だよ」と教えた。

　ところが、國學院大學は渋谷に位置する。そのため、後でそれを知ったYは怒ってXのことを「嘘つき」だと言ったが、その後、Xが國學院と工学院を勘違いしていたことがわかって大笑いになった、という話である。

　要するに、Xは自分が「真」だと信じ込んでいるので「國學院大學は新宿にある」と発言したが、この命題は事実に反しているので、Xの発言は「偽」になる。これが論理学の「真理の対応理論」の考え方である。したがって、心情的にはXは正直者だが、論理的にはXは嘘つきになる。

　そこで私が考えたのは、もしXが意地悪でYを騙してやろうと思って「國學院大學は渋谷にある」と発言したらどうなるのか、ということだった。

　Xからすれば、自分の信念に反して発言しているから意図的に「嘘」をついているわけだが、実際には「嘘から出たマコト」で、発言そのものは「真」になる。したがって、心情的にはXは嘘つきだが、論理的にはXは正直者になる！

　==「真」と「偽」の概念について人間の「心の中」にまで踏み込んで考えてみると、実は容易ではない==ことがわかるだろう。

言語理解のパラドックス

Paradox of Language Comprehension

「カンガルー」の意味

　イギリスの海軍士官ジェームズ・クック（1728〜1779）の探検隊がオーストラリア大陸の東海岸に到達したとき、お腹に袋があって飛び跳ねている動物を発見した。
　そこで、その動物を指差して名前を尋ねると、原住民のアボリジニが"kangaroo"と答えたので、その動物は英語で「カンガルー」と呼ばれるようになった。
　ところが、実はアボリジニは「あなたの言っていることがわからない」と答えていたというのである！
　つまり、「カンガルー」は「わからない」という意味だったという有名な逸話である（ただし、「カンガルー」の語源を"gunguru"（飛ぶもの）とする最近の言語学者の実証的研究もある）。
　アメリカの哲学者ウィラード・クワインは、次のような例を考えた。あなたがまったく言語を知らない土地に迷い込んだとして、草むらからウサギが飛び出た瞬間、原住民が「ガヴァガイ（gavagai）！」と叫んだとしよう。この言葉は何を指示するのだろうか？
　「ガヴァガイ」は、「小動物」や「食用肉」を指すかもしれないし、「跳ねた」とか「逃げた」、あるいは「何だ？」や「驚いた！」を意味する言葉の可能性もある。
　あなたが現地に長く滞在すれば、ちょうど子どもが試行錯誤を繰り返しな

がら言葉を覚えていくように、原住民とのコミュニケーションで「ガヴァガイ」が何を指示するのか、徐々にその適用範囲を狭めていくことができるかもしれない。しかし、「ガヴァガイ」が、そのまま「ウサギ」と一対一に対応するかどうかは、不明のままである。

仮に英語をまったく知らない人に"table"を教えるため、その語を発音しながら、テーブルを指したとする。しかし、相手は、必ずしもそれが物体の名称を指すと認識するとは限らない。その発音は、テーブルの「色」や「材質」、「部分」や「全体」、あるいは「使用法」を意味するかもしれない。

要するに、**その発音が何を意味しているのかを絶対的に確定することはできないわけで、これらをクワインは「指示の不可測性」あるいは「翻訳の不確定性」とよんでいる。**

「テーブル」のように非常に一般的な普通名詞でさえ、あなたがその言葉に対応するとみなす対象の集合と、私がその言葉に対応するとみなす対象の集合とは、必ずしも完全に一致するわけではない。

おそらく大多数の対象については、あなたも私もそれを「テーブル」とみなすことに合意するかもしれないが、なかには私が「テーブル」とよぶ対象をあなたは「デスク」とみなしている可能性もあるだろう。

つまり、あなたと私の使う「テーブル」や「ウサギ」という言葉は、必ずしも同じ対象を「指示」あるいは「翻訳」しているとは断定できない。

それにもかかわらず、私たちはお互いに言語を理解し、コミュニケーションをとることができる。不思議なことではないだろうか？

ドル・オークション

Dollar Auction

オークション

　一般に「オークション」あるいは「競売」とは、複数の買い手が価格を吊り上げながら「入札」し、最終的に最も高い価格を提示した買い手が「落札」する販売方式を指す。

　これによって、1枚の絵画が500億円になったり、骨董品の掛け軸が1000万円以上で取引されたりする。購入した後で、実はその掛け軸が贋物で1000円の価値もないとわかったとしても、後の祭りである。

パーティの余興

　さて、「ドル・オークション」という言葉をご存じだろうか。

　これは、パーティの余興などで行われるゲームで、通常のオークションと同じように、最高値を入札した人が、「1ドル札」を落札して受け取ることができる。さらに、このゲームでは、落札できなかった参加者は、自分が最後に入札した金額を主催者に支払わなければならない。

　今、ここで「ドル・オークション」が始まったとしよう。最初に、誰かが「1セント」と言う。もし「1セント」で「1ドル」を買えたら、「99セント」の儲けになる。

　ただし、それを他の参加者が黙って見ているはずがない。「2セント」、「3セント」と入札が吊り上がり、「5セント」あたりになった時点で、主催者

ドル・オークションのルール

・1ドル札を一番高い値で落札した人が受け取れる。
・落札できなかった参加者は、自分が最後に入札した金額を主催者に支払う。

に騙されたと気づいて入札を止める人は、まだしも賢明である。というのは、その人は「5セント」の損だけで済むからだ。

それでも意地を張ってオークションを続ける2人がいるとしよう。「70セント」、「80セント」と入札が吊り上がり、ついにAが「98セント」、Bが「99セント」と言う。

ここでAが入札を辞退すれば、Bは「1ドル」を「99セント」で買うので「1セント」の得だが、Aは「98セント」の損になる。

そこでAは「1ドル」と言う。ここでBが入札を辞退すれば、Aは「1ドル」を「1ドル」で買うので損得なしになるが、Bは「99セント」の損になる。

悔しくなったBは、「1ドル1セント」と叫ぶ。「1ドル」を「1ドル1セント」で買うというバカげた入札をしていることはわかっているのだが、もしここでAが入札を辞退すれば、Bの損失は「1セント」で済む。

しかし、頭に血が上ったAは「1ドル2セント」と吊り上げる。この時点で、2人の頭の中は、「最後まで残れたら得」であり、「先に止めたら損」という理屈で一杯になっている。もはやオークションの元々の対象である「1ドル札」は、意味を持たない。

結果的に、このゲームは、どちらかの財布の中身が空になるまで続く。大儲けするのは、もちろん主催者である！

この主催者に勝つためには、参加者全員がグルになるしかない。最初に誰かが「1セント」と言って、他の参加者は何も言わずに落札させる。そして、得した「99セント」を皆で山分けにすればよいのである。

チキン・ゲーム

Chicken Game

暴走族の度胸試し

もともと「チキン・ゲーム」とは、暴走族の度胸試しだった。彼らは、中央に白線の引かれた真っ直ぐな道路を選ぶ。

200メートルほど離れて、2台の車が向かい合わせに停まっている。中央にいる審判役の旗を振る合図と同時に、2台の車はアクセルを全開にして、猛スピードで互いに接近する。

どちらの車も、必ず白線を跨いでいなければならないルールである。しかし、数秒で正面衝突の危険が迫ってくるから、どちらかが白線から外れて相手を避けなければならない。そして、先に白線を外れた車のほうが「チキン（弱虫）！」と呼ばれるわけである。

このゲームは、1950年代にカリフォルニアの不良少年たちが始めたと言われ、1955年の映画『理由なき反抗』のシーンに取り上げられて有名になった。この映画では、2人の少年が車に乗って崖をめがけて同時に発車し、どちらが先に車から飛び出すかを競うが、1人の少年の服の袖口がドアに引っ掛かって、車に乗ったまま海に墜落してしまう。

この映画の主演ジェームス・ディーン（1931～1955）は、映画の公開直前、実際に高速道路を猛スピードで疾走して大事故を起こし、24歳の若さで亡くなった。

チキン・ゲームの必勝法

さて、映画の話はともかく、チキン・ゲームに勝つためにはどうすればよいのだろうか？

もちろん、「ドル・オークション」と同じように、最初からこのようなゲームに参加しなければよいのである。しかし、実は、**チキン・ゲームは、人間社会に非常に広範囲に見られる利害関係に関するモデルであり、誰もが嫌でも参加せざるをえない場合がある。**

たとえば、貿易摩擦や領土問題を抱える2つの国家が、「瀬戸際対策」をとることがある。これは、国家間の緊張を高めて、相手国に譲歩させようとする戦術だが、もし相手国が譲歩せずに、さらに緊張をエスカレートさせたら、どうなるだろうか？

あるいは、会社間の「価格競争」もそうである。ある会社が、商品やサービスを値引きして顧客を増やそうとすれば、競合する会社は、一段と値引きをする。この競争では、どちらの会社も利益は減る一方だが、顧客を獲得するためには値引きするしかない。果たして、どこまで引けばよいのだろうか？

ゲーム理論は、基本的に「理性的な解」を求めるが、実は、非常に奇妙なことに、チキン・ゲームでは、「理性的でない解」のほうが優位に立つと考えられる。つまり、ゲーム理論が通用しないのである！

今からチキン・ゲームが始まるとしよう。あなたが車に乗ってアクセルを踏み込もうとした瞬間、正面の相手がハンドルを引き抜いて窓から投げ捨てるのが見えた！

相手は「捨て身」の戦術で、直線を走るしかない道を選んだのである。相手が絶対に避けることができない以上、こちらが避けなければ、両者とも死んでしまう。

チキン・ゲームに勝つのは「最高にイカれて狂ったヤツ」だという映画のセリフが、正解になってしまうのである！

無限循環のパラドックス

Paradox of Infinite Circulation

ホームズとモリアーティの死闘

イギリスの作家コナン・ドイル（1859～1930）の作品『シャーロック・ホームズ最後の事件』では、「天才的な推理力」で知られる私立探偵ホームズが、「犯罪社会のナポレオン」であるモリアーティ教授の執拗な攻撃から逃れるために、ロンドンのビクトリア駅から大陸連絡急行列車に乗る。

この列車の停車駅は、カンタベリーとドーバーだけで、当初ホームズはドーバーで下車して船で大陸へ渡るつもりだった。ところが、列車が出発した瞬間、モリアーティがプラットホームまで追いかけてくるのが見えた。ホームズは、モリアーティならば、すぐに特別列車を仕立てて追いかけてくるに違いないと考える。

ホームズは、カンタベリーで降りるか、ドーバーで降りるか、どちらかを選ばなければならない。ただし問題は、モリアーティもその状況をよく理解していて、ホームズと同じ駅で降りようと考えているということだ。

つまり、両者はお互いに相手がどのように行動するかわからないままに決断しなければならないわけで、実は、これが人間活動全般の無数のジレンマの典型例なのである。

どちらの駅で降りればよいのか？

さて、ここではホームズとモリアーティが同じ駅で降りた場合、ホームズ

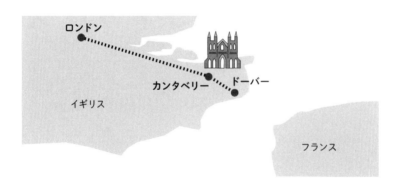

は確実にモリアーティに殺されると仮定する。ゲーム理論の用語を使うと、これがホームズにとっての「最小利得」かつモリアーティにとっての「最大利得」になる。

さらに、もしホームズだけが無事にドーバーで降りることができれば、ホームズは無事に大陸に逃げることができると仮定する。これはホームズにとっての「最大利得」かつモリアーティにとっての「最小利得」になる。

結果的に、ホームズは、どの駅で降りたのだろうか？

コナン・ドイルの原作では、ホームズは、モリアーティがドーバーで下車して自分の「最大利得」を拒むに違いないと推理して、カンタベリーで下車する。そして、モリアーティの特別列車が猛速度でドーバーへ向かうのを見届けて、ホッとする。

この話で重要なのは、**ホームズとモリアーティの推理に「無限循環」のパラドックスが含まれる**点である。

仮にモリアーティがホームズよりも一枚上手で、ホームズがカンタベリーで下車することを見抜いていたらどうなるか？

モリアーティもカンタベリーで降りていれば、ホームズは殺されていたはずだ。しかし、ホームズの方がもっと上手で、モリアーティがそこまで考えていることを見抜いていたら？

ホームズはその裏をかいてドーバーで降りて、大陸へ逃げることができただろう。ところが、もしモリアーティがそこまで見抜いていたら……？

この堂々巡りは「無限」に続く……。

第 5 章

世の中の難問に、
どう答える?

ジレンマ

志願者のジレンマ

The Applicant's Dilemma

ジレンマ

すでに述べたように、**正しく見える前提と、妥当に見える推論から、2つの選択肢が導かれ、そのどちらを選択しても受け入れがたい結論が導かれる現象を「ジレンマ（dilemma）」と呼ぶ。**

とくに、一定数の「志願者」が全体の利益になるように行動しなければ、全体の利益が消滅するか、あるいは全員が何らかの被害を受けるような状況を「志願者のジレンマ」と呼ぶ。

救命ボート

おそらく最もよく知られている志願者のジレンマは、限られた人数しか乗れない「救命ボート」の例だろう。もし船が沈没しようとしているとき、定員5人の救命ボートに6人が乗ろうとしたらどうなるだろうか？

無理に6人が乗るとボートが沈んで全員が溺れてしまう。したがって、誰かがあきらめなければならないことになる。ちなみに海には獰猛なサメがいて、ボートにつかまって立ち泳ぎするようなことはできない状況であるとする。

もしかして「自分は人生を十分に生きてきたから、救命ボートには乗らない」と自発的に譲ってくれる志願者の老人がいれば、残りの5人は助かることができるかもしれない。あるいは、6人が冷静に話し合って1人の犠牲者

を募るか、平等に「くじ引き」で1人を選び、全員が納得してその結果に従うという可能性もあるだろう。

この状況で、1人の獰猛な男が、突然、側にいた小男を海に突き落とし、「これでちょうど5人になった」と叫ぶ映画を観たことがある。残った5人は黙って救命ボートに乗り込むわけだが、読者はどう思われるだろうか？

「集団的合理性」と「個人的合理性」

第2次世界大戦中、多くの国々の軍隊マニュアルには、もし塹壕にいて、そこに手榴弾が投げ込まれたら、その手榴弾に最も近く手が届く人間が即座に自分の身体で手榴弾を抱え込むようにという命令が記載されていた。

そうすれば犠牲者は1人で済むからなのだが、その手榴弾に手が届く誰かが2、3秒以内に決断して抱え込まなければ、そのチャンスは失われ、全員が死ぬことになる。

もしあなたを含む6人が塹壕で輪になって座っていたところ、そのちょうど真ん中に手榴弾が投げ込まれたとしたら、どうなるだろうか？

誰かが犠牲になって手榴弾を抱えてくれれば残りの5人は助かるが、もし誰も抱えなければ6人全員が死ぬ。

このような「究極の選択」を目前にして、何が「合理的」な選択なのだろうか？

「集団的合理性」は、誰かが犠牲になって手榴弾を抱えるように命じ、「個人的合理性」は、自分以外の誰かが手榴弾を抱えるように命じる。実は、これらの2つの合理性が衝突するとき、人間は、深い「社会的ジレンマ」に陥るのである。

ある学生が、救命ボートの状況で1人を海に突き落とすように、「僕だったら、隣の人間を手榴弾に覆いかぶせますね。それで5人が助かるんだから、誰も文句は言わないはずです」と言った。

別の学生は、「6人で塹壕に入った時点で、最悪のケースを想定して、くじ引きで犠牲者1人を確定しておきます。もしそこに手榴弾が落ちてきたら、

究極の選択を前にどう行動する？

投げ込まれた手榴弾、誰か1人が抱え込めば5人助かり、誰も抱え込まなければ全員死ぬ。

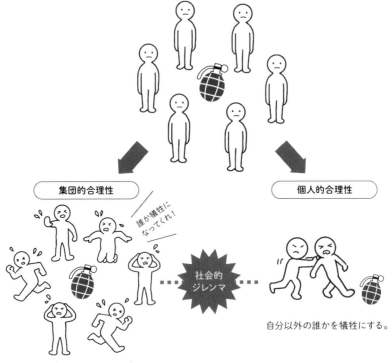

その犠牲者を残りの5人で押さえつけて手榴弾を抱えてもらいます。犠牲者にも生存本能があるので暴れるかもしれませんが、5人が生き延びるためにはやむを得ないでしょう」と言った。

　もちろん、最初からそのような状況が起こらないようにするのが最善であることは明らかである。船は何があっても沈没しないように設計し、世界各国は何があっても戦争に加担しないようにすればよいわけである。

　それこそが、本質的な「合理性」といえる。しかし、残念ながら現代社会においても、志願者のジレンマのような事態は頻繁に起こっている。どうすればよいのだろうか？

腐ったリンゴ仮説

The Rotten Apple Hypothesis

なぜ「大惨事」が生じてしまうのか？

　たとえば、映画を観ていたら、突然スクリーンが燃え上がって火災が発生したとしよう。もし避難訓練で行われているように全員が落ち着いて列を作って順番に出口へ向かえば、全員が助かる可能性は高い。

　ところが、何よりも自分が助かりたいとヒステリックに行動する人々は、いち早く逃げようと他人を押しのけて出口に殺到し、その結果、出口で人々が将棋倒しになって、大惨事が発生するのである。

「腐ったリンゴ仮説」の意味

　社会心理学における「腐ったリンゴ仮説」によれば、母集団の人数が多ければ多いほど、他者と協調しない裏切り者の存在する可能性は高くなり、ちょうど腐ったリンゴが周囲のリンゴも腐らせてしまうように、その影響で周囲の人間も裏切り者に変身する可能性が高くなる。

　日常生活で考えてみよう。テーマパークで、皆が座って見ているパレードを前方の2、3人が立ち上がって見始めたら、その後方の4、5人も前が見えないので立ち上がる。やがて、その後方の人々も立ち上がり始めるので、最後には全員が立ち上がらざるを得なくなる。

　何人かのグループがレストランで食事をする際、総額を「割り勘」で支払うことに決めていたとしよう。そこで値段の高い料理や酒を注文する人がい

腐ったリンゴ仮説とは？

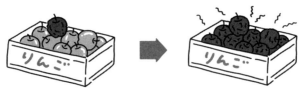

箱の中の腐ったリンゴが周囲のリンゴを腐らせていくように…

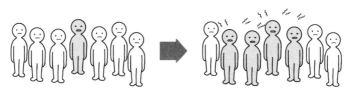

裏切り者の影響によって、
周囲の人間も裏切り者になってしまう可能性が高くなる。

ると、徐々に周囲の人々も高い料理や酒を注文するようになる。いわば「皆で渡れば怖くない」と信号を無視するような群集心理が一部に生じて、周囲に伝染していくわけである。結果的に、割り勘で支払う金額も想定以上に膨れ上がって驚いた経験のある読者もいるのではないか。

「腐ったリンゴ」の原点

現代英語で「腐ったリンゴ」が用いられたのは、アメリカ合衆国の独立に多大な功績を残した科学者ベンジャミン・フランクリンが1736年に述べた「The rotten apple spoils his companion.（腐ったリンゴは仲間を駄目にする）」だと言われている。

アメリカのスーパーマーケットで「bad apple（悪いリンゴ）を見つけたら、すぐに店長に報告してください」というポスターを見たことがある。当時は実物のリンゴの話かと思っていたが、今思えば、それは態度の悪い店員や万引き客など、店に対する「bad apple」の話だった！

囚人のジレンマ

Prisoner's Dilemma

「社会的ジレンマ」

　社会的ジレンマの原点に位置するのが、2人の選択において生じる「囚人のジレンマ」である。これは、1950年にプリンストン大学の数学者アルバート・タッカーが講演した次のような話に基づいている。

　2人の銀行強盗が警察に捕まった。検察官は2人に罪を認めさせたいが、囚人は刑期を短くしたいと考えている。そこで検察官は、2人を別々の独房に入れて、次のように言う。

「お前も相棒も黙秘を続けることができたら、銀行強盗は証拠不十分で立件できない。せいぜい武器不法所持の罪で、2人とも1年の刑期というところだろう。逆に2人とも銀行強盗を自白したら、刑期はそろって5年になる。しかし、お前が正直に2人で銀行強盗をやったと自白すれば、捜査協力の返礼としてお前を無罪放免にしてやろう。ただし、相棒は10年の刑期になるがね。どうだ？」

　おそらく囚人は、相棒に協調して黙秘を続けるべきか、相棒を裏切って自白すべきか、考え込むだろう。さらに検察官は、次のように催促する。「実は、お前の相棒にもまったく同じことを話してあるんだ！　もし相棒が先に自白してお前が黙秘を続けたら、相棒は無罪放免だが、お前は10年も牢獄行きだぞ！　さあ、どうする？　急いで自白しなくていいのか？」

　この状況で、2人の囚人は深刻なジレンマに陥る。もしお互いに黙秘を続ければ、1年の刑期で2人とも出所できるため、それが2人にとって最もよ

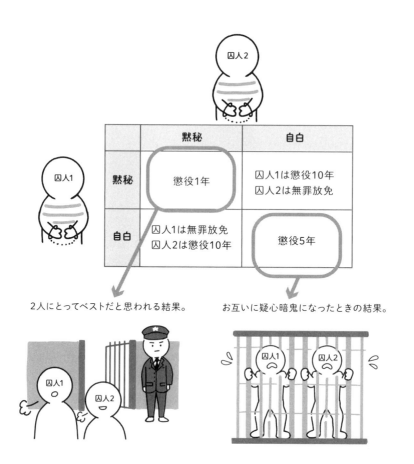

い結果であることは明白である。しかし、もし相棒が裏切ったらどうなるか？相棒はすぐに出所して自由になれるが、自分は10年も牢獄に閉じ込められてしまう。

　結果的に、2人の囚人はそろって自白して、どちらも5年の刑になってしまう。そして2人は牢獄で考え込むわけである。お互いが黙秘していればたった1年で済んだはずなのに、もっとうまくやる手はなかったのか、もっと「理性的」な選択はなかったのかと……。

ナッシュ均衡

Nash Equilibrium

ジョン・ナッシュ

　映画『ビューティフル・マインド』でも知られるプリンストン大学の数学者ジョン・ナッシュは、社会的ジレンマを数学的に解析して現代ゲーム理論の基礎を築き、1994年にノーベル経済学賞を受賞した。

　ナッシュは、囚人のジレンマ（→201ページ）のような状況で、一方のプレーヤーが最適な戦略を採ったとき、他方のプレーヤーもそれに対応する戦略を最適にするような「ナッシュ均衡」が存在することを証明したのである。

　すでに述べたように、「均衡」あるいは「安定」という概念（→36ページ）は、自然科学のさまざまな分野に登場する。たとえば、紅茶に砂糖を入れ続けると、ある時点で化学的に「均衡」な状態になり、砂糖は溶けなくなって沈殿し、紅茶もそれ以上は甘くならなくなる。

囚人のジレンマにおけるナッシュ均衡

　ナッシュは、囚人のジレンマにおいても各自が最善を尽くした結果としての均衡状態があることを示したが、それは、2人の囚人がどちらも「裏切る」という選択なのである。

　この選択では、どちらの囚人も5年の刑になる以上、それが2人にとって最適な状態とはいえないように思われるかもしれないが、かといって協調して相手に裏切られて10年の刑になるよりはマシだということである。

なぜ、ナッシュ均衡が起きてしまうのか？

		囚人1		囚人2	
ケース1	行動	黙秘	×	黙秘	最適解。しかし、互いに疑心暗鬼に陥ると困難な選択。
	結果	懲役1年		懲役1年	
ケース2	行動	自白	×	自白	ナッシュ均衡
	結果	懲役5年		懲役5年	
ケース3	行動	自白	×	黙秘	相手に裏切られて懲役10年になるくらいなら自白を選ぶのが合理的。
	結果	無罪放免		懲役10年	
ケース4	行動	自白	×	黙秘	
	結果	懲役10年		無罪放免	

結局、お互いにリスクを考えると、落ち着くところに落ち着いてしまう（安定する）というのがナッシュの見解。

仮に2人の囚人が、捕まった場合には必ず協調することを事前に約束していたとしよう。そのため彼らは、毎日続く取り調べのなかでも、それぞれが相棒を信じて黙秘を続けているとする。しかし、いくら堅く約束していたとしても、もし相棒が裏切って自白したら、その瞬間、相棒は無罪放免だが自分は10年の牢獄行きが確定してしまう。

おそらく2人の囚人は、お互いに疑心暗鬼に陥ることだろう。このように、相手の戦略次第で自分の将来が左右される状況は、ナッシュによれば「不安定」なのである。したがって、2人の囚人は、相手が裏切る前に自分が裏切るという戦略を選択せざるを得なくなり、その結果、2人とも5年の刑に服するという「安定」した状態に落ち着くことになる、というのがナッシュの考え方である。

ラパポートの反論

もっとも、ナッシュ均衡が必ずしも「理性的な選択」を意味するわけでは

ないという反論もある。トロント大学の心理学者アナトール・ラパポートによれば、囚人のジレンマの状況では、「理性的」な人間であれば、あくまで相互に「意識して」協調して黙秘を貫くべきだという。なぜなら、2人の囚人が疑心暗鬼を振りきって取り調べに耐え抜くことさえできれば、2人とも1年の刑期で出所できるわけで、それが2人にとっての最大の利得だからである。

囚人のジレンマでは、「個人的合理性」は「裏切る」ように命じ、「集団的合理性」は「協調する」ように命じる。そして、2人の囚人が「個人的合理性」よりも「集団的合理性」に従って行動する方が、両者にとって望ましい結果となることを両者が知っている以上、2人はそのことを「意識して」協調すべきであり、それこそが「理性的」なのだとラパポートは考えるわけである。

すでに囚人のジレンマが公表されてから74年にもなるが、協調すべきか裏切るべきか、どちらの行動をとるのが「理性的」なのかについては、いまだに議論が続いている。実際に、これまで何度も実施されてきた**「囚人のジレンマ」の模擬実験によれば、約60%が「裏切る」一方で、約40%が「協調する」という結果が出ている。**

スマリヤンとホフスタッター

ちなみに、私の敬愛する論理学者レイモンド・スマリヤンと認知科学者ダグラス・ホフスタッターも、会うたびにこの問題で論争を繰り返してきたそうだ。

この2人は、それぞれが論理パズルやパラドックスを明快かつ愉快に解説するうえでの世界的な代表者であり、かつてインディアナ大学での同僚であり、親友でもあるのだが、囚人のジレンマに対しては、スマリヤンは「裏切る」べきで、ホフスタッターは「協調」すべきだと言って譲らず、この点だけは永遠に合意できなかったということである。

読者は、囚人のジレンマの状況で、協調するだろうか、あるいは裏切るだろうか?

ゲーム理論

Theory of Games

状況の数理モデル化

　実は「囚人のジレンマ」のように、相手の行動を予測しながら自分の行動を決定しなければならないという状況は、チェスや囲碁や将棋のようなゲーム、ポーカーのようなギャンブルや株式市場の動向、個人間から国際間のあらゆる交渉、そして戦略や戦争にいたるまで、社会における人間活動全般に見られる。

　このような状況を一般的に数理モデル化したのが「ゲーム理論」であり、それを創始したのがフォン・ノイマンである。

　彼は、1928年に発表した論文「ゲーム理論」で**「2人ゼロサムゲーム」を数学的に定式化し、それぞれのプレーヤーが利益を最大化し損失を最小化する「ミニマックス戦略」をとる場合、そこに「鞍点」と呼ばれる均衡点が生じることを「不動点定理」を用いて示した。**

　これが「ミニマックス定理」あるいは「ノイマンの定理」と呼ばれる重要な帰結である。

　第2次世界大戦が始まると「ゲーム理論」が大きく注目されるようになり、プリンストン高等研究所のノイマンと経済学者オスカー・モルゲンシュテルンは、5年に及ぶ共同作業の成果として、1944年に英文640ページの大著『ゲーム理論と経済行動』を上梓した。

　この「記念碑的著作」において、ノイマンとモルゲンシュテルンは「2人ゼロサムゲーム」を「n人ゼロサムゲーム」に拡張し、さらに難解な「n人

非ゼロサムゲーム」を定式化した。

ノイマンとナッシュ

　さて、「非協力ゲーム」を仕上げたばかりのナッシュは、意気揚々と自分の博士論文を持ってプリンストン高等研究所のノイマンに会いに行った。ノイマンのゲーム理論は「協力ゲーム」を基盤に扱い、「非協力ゲーム」についてはほとんど触れていない。

　21歳のナッシュは、ノイマンの秘書に「先生が興味をお持ちになるに違いない新たなアイディアをお伝えしにきました」と言った。

　当時46歳のノイマンは、高等研究所以外に陸海軍や政府機関など6つの委員会の主要メンバーであり、大統領からもさまざまな問題を相談される立場にいた。そのノイマンに突然面会を求めた21歳のナッシュの行動は、「社会性の欠如」の一端を示しているかもしれない。

　それでも人当たりのよいノイマンは、彼を自室に通すように秘書に伝えた。挨拶もそこそこにナッシュが自分の論文について話し始めると、ノイマンは首を傾けて黙って聞いていたが、ナッシュの話がまさに「ナッシュ均衡」にさしかかった場面で、「つまらない (trivial)！」と遮った。

　ノイマンは「君の話の先にある結論は、不動点定理の応用にすぎない」と言って、2人の天才の面会は終わった。

　この面会に大きく傷ついたナッシュは、その後二度とノイマンに接触しようとはしなかった。ここで非常に興味深いのは、この2人の天才の根本的な視点の相違である。

　ノイマンは人間を本質的に「社会的な生き物」として捉え、人間は「協力ゲーム」によって合理的に進化するはずだという信念を持っていた。

　ところがナッシュは人間を本質的に「自己中心的な生き物」として捉え、人間は「非協力ゲーム」によって不合理的な判断に導かれると考えたのである。

　読者は、どちらの天才の「ゲーム理論」に惹かれるだろうか。

プレゼント・ゲーム

Gift Giving Game

[『サイエンス』誌上のプレゼント・ゲーム

　1984年、全米科学振興財団が『サイエンス』誌上で志願者のジレンマ（→196ページ）を検証する実験を行ったことがある。ルールは、読者が住所・氏名と「100ドル」か「20ドル」のどちらかをハガキに書いて財団に送るという単純なものであり、もし「100ドル」の希望者が全体の20％以下であれば、全員に書いた通りの金額を財団が支払うというものだった。「100ドル」か「20ドル」のどちらを選ぶかは個人の自由だが、「他の読者と相談してはならない」という但し書きも付いていた。さて、読者だったら、どちらを選ぶだろうか？

　このゲームを計画した『サイエンス』編集部は、顧問の社会心理学者の「腐ったリンゴ仮説」（→199ページ）と数学者のゲーム理論（→206ページ）の計算に基づいて、財団は絶対に賞金を支払わずに済むはずだと主張したが、財団は万一の場合を考えて、ロンドンのロイズ保険に保険を掛けたいと申し出た。

　ところが、ロイズ保険は、学者の予測を信用しなかったらしく、この実験の保険は拒否されてしまった。おそらくロイズ保険は、多数の読者が相談して「20ドル」を投票する危険性を考慮したものと思われる。

　というわけで、リアルな賞金は実際には出ないことになってしまったのだが、ともかく読者は、賞金が出るものと仮定して参加することになった。

　その結果、参加者は3万3511人にのぼり、2万1753名が「20ドル」、1万1758名が「100ドル」と書いた。つまり「100ドル」と書いたハガキの割合

は35.1％で、仮に実際に賞金が掛かっていたとしても、全米科学振興財団は何も支払わずに済んだという結果に終わったのである。

東京大学で実施したプレゼント・ゲーム

2009年春学期、東京大学で担当していた「記号論理学」の授業時に、私もプレゼント・ゲームを行ったので、その様子を紹介しよう。

ある日の授業の最後に、私は次のように言った。本日のリアクションペーパーには、裏に「1万円」か「1千円」のどちらかの金額を書いてほしい。どちらを選ぶかは個人の自由だが、クラスメートと相談してはならない。もし「1万円」と書いたシートがクラスの20％を超えたら、プレゼントは何もない。しかし、もし「1万円」と書いたシートがクラスの20％以内だったら、書いてあるとおりの金額を君たち各々にプレゼントしよう！

クラスは大きなざわめきに包まれた。すぐに1人の手が挙がって「それってリアルにですか」と聞いてきたので、「限りなくリアルに近いと思って書いてほしい」と答えておいた。

仮に読者だったら、「1万円」か「1千円」のどちらを記入するだろうか？

この授業で提出されたリアクションペーパーの総計は176枚であり、その裏に記載してあった数字を集計した結果、「1千円」と書いたシートは108枚（61.4％）、「1万円」と書いたシートは68枚（38.6％）だった。

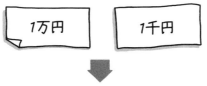

東大のプレゼント・ゲームのルール

シートにどちらかの金額を記入

1万円　　1千円

1万円と書いた人がクラスの20％以内：先生が全員に記入した金額を支払う。
1万円と書いた人がクラスの20％以上：プレゼントなし。

つまり、このクラスで「1万円」と書いたシートの数は、プレゼントの成立する上限20%をはるかに上回る38.6%だったため、仮にこれが「リアル」なゲームであったとしても、私は東大生に1円も払わずに済んだことになる。

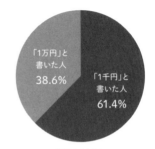

プレゼント・ゲームの結果

172人が参加

1万円と書いた人が20%を超えたので、ゲーム失敗！

東大生の反応

なぜこのような結果になったのか、クラスにその理由を尋ねると、次のような返答があった。

東大生A：ボクは「1万円」と書きました。だって仮にプレゼントの成立する状況になった場合、自分が1万円貰えるグループの方に入っていないと悔しいじゃないですか！

東大生B：オレもそう思って「1万円」と書きました。1千円か1万円だったら、どう考えても1万円の方が得なわけだし……。東大生は負けず嫌いが多いですから、クラスの38.6%が「1万円」と書いたというのも当然の結果でしょうね……。

東大生C：何言ってるんだ！　君たちみたいなエゴイストが多かったから、プレゼント自体が消えてなくなったんじゃないか！　クラスの8割以上がボクと同じように全体の利益を考えて「1千円」と書いていたら、全員が1千円以上貰えたはずの話なのに……。

東大生D：そうだよ。先生は、このゲームで、ワタシたちがいかに理性的かを測っているんでしょ？　それがわからないの？
　　　それに「1万円」と書いて1万円貰えたとして、それは自分

以外の80％以上のクラスメートが「1千円」と書いてくれた場合でしょう？ そんな状況で自分が1万円受け取るなんて、後ろめたくて、ワタシは嫌だな……。ですからワタシは「1千円」と書きました。

裏切り者の腐ったリンゴが現れるのは必然か…？

「万」なんて書く人の気が知れない！

東大生A：しかし、先生から引き出す利益が最大値になるのは、クラスのちょうど20％が1万円を受け取り、ちょうど80％が1千円を受け取る場合じゃないか。もしそうなったら、利益の多い20％の方に入りたいと思うのが当然だろ！

　もっとも、ボクと同じように考えた東大生が多かったからプレゼントも消滅したわけだけど、それも自己責任だから仕方がないとあきらめもつくわけなのであって……。

東大生B：そうそう、1万円だったら欲しいけど、1千円だったら別に欲しくないし……。

東大生C：そういう問題じゃないよ！　これがリアルなゲームだったら、君たちが原因で1千円のプレゼントが消えてなくなったんだから、少しは責任を感じてほしいものだ！

東大生D：ワタシは自己犠牲の精神で「1千円」と書いたのだから何ら悔いることはないし、「1万円」と書いたクラスメートを恨む気もないけど、結果的にクラス全員が何も貰えないということは、やはりワタシたち全体が理性的じゃない、ということにな

るんじゃないかな……。

東大生からの挑戦

　ここまで話を聞いていた東大生の手が挙がった。
「アメリカの実験では20ドルと100ドルで差は5倍、先生のゲームでは1千円と1万円で差は10倍、それに対して、アメリカの裏切り者は35.1％、クラスの裏切り者は38.6％だったわけですから、相関関係から考えてみると、むしろ東大生の裏切り者は少なかったのではないでしょうか？」
　たしかに、そうかもしれない。ともかく私は、あくまで「社会的ジレンマ」をわかりやすく解説するためにゲームを実施したのだが、どうもクラスの裏切り者がアメリカの一般読者の裏切り者の比率よりも高いか低いかという点が、東大生を刺激したらしいのである。
　ここで私が考えもしなかったので驚いたのは、クラスの大部分の東大生がゲームを「勝ち負け」の感覚で捉えていて、しかも自分たちがゲームに「負けた」と認識しているらしいことだった。
　別の東大生の手が挙がり、**クラスが「負けた」原因は、ペナルティがなかったからだ**と言い出した。つまり、もしこのゲームの参加者に「負けたら自分も払わなければならない」というリスクがあれば、無神経に「1万円」と書く東大生は少なかったはずで、クラスはゲームに「勝って」いたはずだと言うのである。
　すると、他の東大生の手が挙がって、リスクを加えるのであれば、全員参加でなく自由参加にすべきだと言った。その方が、考えもせずに適当に金額を書き込むような参加者がさらに減って「勝てる」はずだからだと言うのである。いやはや、負けず嫌いで再度チャレンジしようとする東大生の意気込みは、すばらしいではないか！

新たな プレゼント・ゲーム

New Gift Giving Game

受けて立った挑戦

というわけで、私は、彼らからの挑戦を喜んで受けることにした。

今日のリアクションペーパーの裏には、まずゲームに①「参加する」か「参加しない」を記入し、次に「参加する」場合に限って、②「1千円」か「1万円」を記入する。

この新たなゲームでは、もし「1万円」記入者が「参加する」学生の20％未満であれば、記入された通りの金額を私が学生に支払い、もし「1万円」記入者が「参加する」学生の20％以上であれば、記入された金額を学生が私に支払うリスクを負うものとする。

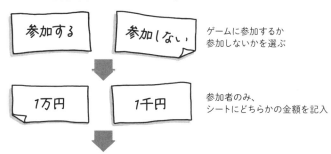

再挑戦したプレゼント・ゲームのルール

「このルールでよいかな？」と尋ねると、クラスの東大生たちはうれしそうに頷いた。「やったね」とか「これで楽勝」とかいう声も聞こえる。私は、ここまでうれしそうにしているクラスが勝ちやすくなるように、もっとルールを甘くして「25％未満でもいいんだけど……」と危うく言いかけたほどだった。

私に「ひと泡吹かせた」東大生

さて、この日のリアクションペーパーには、前回のゲームに「1千円」と書いていたにもかかわらず、報われない結果に憤慨した東大生の次のような記載があった。
「ちょっとみんなバカすぎ！　高橋先生にひと泡吹かせたい、という気持ちはないのか？……みんな『他の人が1千円って書く』ってある種"信頼"したからこそ『万』って書いたのか？　だとしても、自分と似た思考をする人は割と多い（自分は特別じゃない）ってのを自覚すべき。ノリが悪い！　一人一人が盛り上げていくってのが常識！　これで『万』が3％とかだったら超盛り上がっただろうに。正直な話、『万』を選ぶ気持ちは、いくら説明されたって"納得"できない！」

この東大生のリアクションペーパーの裏を見ると、今日の新たなゲームには「参加する」と答え、いったん「1千円」と書いてあるものを上から×印で大きく消して「1万円」と書き直してあり、その横に「結局人

間は生きたいように生きる」と書いてあった！

これを研究室で読んでいた私は、飲んでいたコーヒーを吹き出して笑ってしまい、大事なネクタイを台無しにしてしまった。その意味で、彼は、たしかに私に「ひと泡吹かせた」ことになったのである！

新たなプレゼント・ゲームの結末

さて、この日に提出されたリアクションペーパーの総計は171枚であり、その裏に記載してあった数字を集計した結果、①ゲームに「参加する」は104（60.8%）、「参加しない」は67枚（39.2%）、そしてゲーム参加104枚のうち、②「1千円」と書いたシートは75枚（72.1%）、「1万円」と書いたシートは29枚（27.9%）だった。

つまり、ゲーム参加者のうち「1万円」と書いたシートの数は、プレゼントの成立する上限20%を上回る27.9%だったため、私からのプレゼントは成立しない。

さらに、今回のゲームでは参加者がリスクを負う約束であり、仮にこれが「リアル」なゲームだったら、クラスでゲームに参加した東大生は、29名が「1万円」と75名が「1千円」の総計36万5千円を私に支払わなければならなくなったのである！

クラスの反応

これらの集計結果の数字を黒板に書いていると、後ろから見ているクラス全体から一斉に「ふー！」とうため息のような声が聞こえて、同時に何人かの東大生の自嘲的な笑い声が響いた。

せっかく再挑戦したのに、なぜこ

再挑戦の結果

「1万円」と書いた人 27.9%
「1千円」と書いた人 72.1%

104人が参加

のような結果になってしまったのか？　クラスに感想を尋ねると、次のような返事が返ってきた。

東大生E：今回のゲームでは、さすがに「1万円」と書く人はほとんどいないと思っていたのに、大バカ者が29人もいたとは！　というボクも、実は欲望の罠にはまって「1万円」と書いてしまった大バカ者でした。みんな申し訳ない……。

東大生F：悔しい！　とても悔しいよ！　なんでみんな「1千円」と書かないんだ！　東大生のクオリティがこんなものだったとは、あははは……。

東大生G：前回のゲームの結果を認識している以上、大抵の人は「1千円と書けばよかった」と思ったはず。だから今回のゲームでも「1万円」と書いた裏切り者は、前回の38.6％に比べたら、10％近くも減少しているじゃないか……。

　ところが、そこで「皆が1千円と書くんだったら、自分だけは1万円と書いてみよう」と考える人が出てくる。こうして勝手に自分の利益を追求しようとする裏切り者が出現する限り、この悪循環からは抜け出せない。つまり、何回やっても、我々は勝てないんじゃないかな……。

東大生F：しかし、今回のゲームではリスクもあったんだよ！　負けたら1万円支払うリスクを負ってまで「1万円」と書くなんて信じられない。人間の欲望とは恐ろしいものだ！　ボクは「1千円」と書いたけど、「1万円」と書いた人には裏切られた気がする！

東大生G：要するに「1万円と書く人は20％を超えない」と信じた人が、20％を超えたというだけの話でしょ？

　ボクは参加しなかったけど、リスクを負ってまで参加したい人たちは、それだけ金銭欲が強いということを明示しているわけ。とくにクラスのなかでも強欲な人ばかりが参加している集

団だから、「1万円」と書いた裏切り者が多かったことも納得できる。むしろこれが全員参加だったら、今回のゲームに参加しなかった冷静な67名のほとんどは「1千円」と書いていたはずだから、クラスの楽勝だったかもしれないが……。

東大生E：いやいや、結局、必死さが足りないんだよ。ボクだって、もし「1万円」と書いて負けたって、本気で支払うわけじゃないと思ったから「1万円」と書いたんだし……。

東大生H：よし、わかった！　先生、最後にリアルの真剣勝負でやりましょう！　みんなが本気で考えて賭けて参加したら、絶対勝てると思う。日曜日に天皇賞で負けた分は、これで取り返すんだ！

東大生F：あのね、学生が馬券を購入しちゃいけないんだよ！　それに、リアルでやったら、このゲームは「賭博法」に抵触するんじゃないですか？　しかもそれを国立大学法人の教室でやるなんて、絶対マズイに決まってるし……。

東大生H：あれ、2005年に「競馬法」が改正されたのに知らないの？　今は未成年でなければ学生でも馬券を購入してかまわないルールであって……。

東大生D：何の話してるのよ、賭け事の話じゃないでしょ！　リアルであろうとなかろうと、私たちはゲームのルールを十分理解したうえで、参加したい人だけが参加して、それでも裏切り者が20％を上回ったということ……。結果的にクラスの誰も何も貰えないし、逆に損失が出たということは、ワタシたち全体が理性的でないということが証明されたわけじゃないの？

　たしかに、クラスの東大生は前回の授業で「社会的ジレンマ」の意味について十分にディスカッションして理解していたはずであり、そのうえで自分たちが作り上げたルールで私に再挑戦した。ただし、**ここで注意してほしいのは、それが成功しなかったからといって、彼らが「理性的でない」ことにはならないということ**である。

社会的ジレンマ国際学会

International Conference for Social Dilemma Studies

社会的ジレンマ国際学会

　実は、東大生に限らず、いかに豊富な知識を持った「理性的」な人々ばかりが集まった集団でも、社会的ジレンマを解決することは容易ではないのである。

　1988年、オランダのフローニンゲンで「第3回社会的ジレンマ国際学会」が開催された。この学会に世界中から集まった43名の参加者は、全員が社会心理学から認知科学にいたる幅広い分野の代表的な研究者で、もちろん「社会的ジレンマ」に関連したゲーム理論やグループ・ダイナミクス論に関する最先端の知識を持つ専門家ばかりである。

社会的ジレンマ国際学会のプレゼント・ゲームのルール

43人の参加者は10ギルダーまで好きな金額を出資できる。
そのうえで…

合計250ギルダー以上	合計250ギルダー未満
↓	↓
全員に10ギルダーずつプレゼント	出資額を全額没収

全員が6ギルダーずつ出資すれば条件をクリア。
しかし、ほとんど出資しない裏切り者が出現する可能性も。

この学会を主催したカリフォルニア大学サンタバーバラ校の社会心理学者ディヴィッド・メシックは、この稀な機会を活かそうと、学会の参加者全員に次のようなゲームを提示した。

　ルールは、参加者が最大10ギルダー(当時のオランダの通貨)までの好きな金額を出資するという単純なもので、もし出資の合計が250ギルダー以上であれば、主催者は参加者全員に10ギルダーずつをプレゼントし、もし出資の合計が250ギルダーに満たない場合は、出資の全額を主催者が没収する。もちろん、参加者が相互に相談することは許されていない。

　さて、もし読者がこの学会に出席していたら、どのように考えるだろうか？

出資額の推定

　仮に43名全員が均等に6ギルダーずつ出資すれば、合計は258ギルダーとなって、プレゼント条件の250ギルダーを超えるので、全員が10ギルダーを受け取ることができる。つまり、全員が差し引き4ギルダーを儲けることができるはずである。

　といっても、参加者のなかには5ギルダーしか出資しない裏切り者がいるかもしれない。そのことを考慮して、読者が余裕をもって7ギルダーを出資したとしても、合計がプレゼント条件の250ギルダーさえ超えれば、10ギルダー戻ってくるので3ギルダーは儲けることになる。この場合、5ギルダーの出資者は5ギルダー儲けることができるので、それ以上出資した参加者からすればシャクかもしれないが、少なくとも参加者全員としては主催者に勝つことになる。

　しかし、もし2ギルダーや3ギルダーだけしか出資しないような裏切り者が多ければ、出資の合計そのものが250ギルダーに満たなくなり、読者の出資も消えてなくなることになる。したがって、読者は、参加者のうち何名が協調して6ギルダーよりも多く出資するか、何名が裏切って6ギルダー未満の「ただ乗り」で得しようとしているかを予想して、実際の出資額を決めなければならないだろう。

「ただ乗り」の数

それでは、実際に行われたゲームの結果を発表しよう。国際学会に参加した43名の出資の合計は、245.59ギルダーだった。よって、プレゼント条件の250ギルダーに惜しくも4.41ギルダー不足していたため、彼らは何も受け取れないばかりか、彼らの出資した金額はすべて主催者に没収されたのである！

このゲームの参加者は、出資の合計がプレゼント条件を満たすと考えるか否かも事前に予想するように求められていた。

ゲームの結果と傾向

合計出資額 245.59ギルダー ＜ クリア条件 250ギルダー

参加者の負け！

他者が協調すると予想した人ほど出資額が高く、他者が裏切ると予想した人ほど出資が極端に低かった。

そこで興味深いのは、**出資が条件を満たすと考えた参加者27名が平均7.24ギルダーを出資していたのに対して、出資が条件を満たさないと考えた参加者12名は平均1.83ギルダーしか出資していなかった**ことである。なお、この予想に答えなかった参加者4名は平均7.0ギルダーを出資していた。

つまり、**他者が協調すると予想した人は自分も協調して7ギルダー以上を出資し、他者が裏切ると予想した人は自分も裏切って2ギルダー以下しか出資していない。また、中には最初から失敗を予想して、まったく出資しなかった参加者が7名いたが、逆に全体の利益のために10ギルダーを出資した参加者も8名いた！**

このゲームに類似した数多くの実験を行い、その結果を分析して多彩な論文を書き、何が起こるのかを予測できたはずのプロの専門家集団でさえ、社会的ジレンマに打ち勝つことはできなかったのである！

評論家の論法

One Critic's Argument

小林秀雄の論法

　一般に小林秀雄といえば、「日本の近代文芸批評の確立者」とみなされるのが普通である。彼以前の文芸批評は、ある特定の作品を読解し分析して解説や批判を加えるという意味で、いわば作品に付随する「寄生物」にすぎなかった。
　その文芸批評を、対象とする作品から自立した一個の「独立物」としての芸術作品にまで高めたという意味で、小林は別格の「確立者」と呼ばれ、近代を代表する思想家とみなされるようになったのである。
　「日本を代表する評論家」ともいわれる小林秀雄は、『文学の雑感』という講演を行い、その質疑応答で聴衆から「歴史を見る態度」を問われて、活き活きと答えている。このコミュニケーションにおいて、小林独自の論法が非常にわかりやすく表れているので、ここでその特徴を簡単に説明しておきたい。
　第1に小林は、歴史といえば過去を研究することだという常識を覆して、「過去を現在に生き返らせるのが本当の歴史家」だと主張する。おそらく読者は、この主張に虚を突かれて驚く一方、まったく新たな視界に目を開かされる気がするのではないだろうか。これが、**小林の論法の最大の特徴といわれる「逆説」**である。
　よく知られている小林の言葉に、「美しい『花』がある、『花』の美しさという様なものはない」（『当麻』）、「私達は、私達の一番よく知っているものに

ついて、一番よく知らない」(『感想』)、「善とは何かと考えるより、善を得ることが大事なのである」(『論語』)のようなものがあるが、逆説的な特徴をもっていることがおわかりになるだろう。

　第2に、「うまく過去を甦（よみがえ）らせる」ことのできる「本当の歴史家」と、「あったんだという知識を書いただけ」で、実は歴史を「知らない」歴史家が対比させられる。**この種の「二分法」は、「本物と贋物」「一流と二流」「名人と凡人」のような形式で、小林の多くの作品に登場する。このように白か黒かを鮮明に分ける論法は、読者の頭に明快に入ってくる一方で、場合によっては重要な意味をもつグレーゾーンが切り捨てられてしまうため、極端な結論に誘導される可能性もあることに警戒が必要である。**

　第3に、「古いも新しいもありゃしないんです。みんな、君です、君の知識です。そしてそれを生き返らせるのは君の自力です、君の能力です。人に聞かしてもらうことはできない。だから歴史は常に主観的です。主観的でなければ客観的にならんのです」という段落に代表されるように、数々の論点の〈飛躍〉が見られる。

　もちろんこれは、会話のコミュニケーションであるために強調されている面もあるが、**一般に飛躍が飛躍を生んで飛翔（ひしょう）し、どこに着地するか見当がつかないのが小林の論法の大きな特徴**である。

　第4に、歴史の「証拠がみたい」からといって「やたら掘り返して」その結果を論文に書き、「そうすると博士になれるんだ」という「考古学者」への皮肉が表明されている。小林は、権威を笠（かさ）に着た学者や知ったかぶりをする教師に代表される職業的アカデミズムに対して、非常に強く反感を示してきた。**この種の「反権威主義」も小林の論法の特徴**といえる。

　第5に、ここまで述べてきた「逆説・二分法・飛躍・反権威主義」が絶妙に組み合わされた総体として、**小林の論法に一種独特の「楽観主義」という特徴が生じる。**その質は論じる題材によって大きく異なるが、小林の作品に悲観のまま終わるものは少なく、楽観的な論調で読者への信頼が表明されることが多い。読者は、どこかの場面で微笑（ほほえ）み、不思議に強く励まされ、なぜか浮き浮きとした高揚感をもつような仕組みになっているのである。

小林秀雄の代表的な5つの論法

逆説　「過去を現在に生き返らせるのが本当の歴史家」
　　　　「美しい『花』がある、『花』の美しさという様なものはない」

二分法　「うまく過去を甦らせることのできる本当の歴史家」VS
　　　　　「あったんだという知識を書いただけで、実は歴史を知らない歴史家」

飛躍　「古いも新しいもありゃしないんです」
　　　　「主観的でなければ客観的にならんのです」

反権威主義　職業的アカデミズムに対対する強い反感。

楽観主義　読者に高揚感をもたらすような楽観的な論調。

論理的ではない！

小林秀雄
(1902〜1983)

以上に提示した5つの特徴は、小林の論法を非常に大雑把に単純化した結果にすぎないのだが、ここで事前に理解していただきたいのは、小林が「広く一般の人心」を動かすために、このような独自の「スタイル」を編み出したという点である。

評論家に潜む「非論理」

　数学の問題を解くことを考えてみよう。たとえばユークリッドの初等幾何学の問題を解くためには、体系化された公理と規則を使用して、一歩一歩証明を積み重ねる必要がある。読者は、注意深く意識的に論理を構築しなければならない。読者は、自分で設計図を書いて、補助線を引いて、土台から独自のビルを構築しなければならない。その過程で、論証の改良や、基礎を見直す発見も起こりうるのである。この意味で、数学の論理は、読者においての「思索の論理」といえる。

　これに対して、**小林の論理は、小林の思索と体験の交錯が、そのまま読者の感情に直結するように構成されている。それは、むしろ読者の意識的な思索を拒み、読者を説得し陶酔させるための「信仰の論理」とさえいえる**だろう。

　つまり、読者が小林の作品を理解する最良の方法は、意識も分析も忘却し、

無心で小林の論理に飛び込むことである。読者にできることは、すでに小林の手で完成されたビルを訪れ、内部から茫然と見物することなのである。

その顕著な例は、小林の描いた天才像に表れている。たとえば音楽評論家の吉田秀和は、「小林秀雄の書いた『モーツァルト』の中にモーツァルトがいたか？　というとこれは疑問だ」と指摘している。

「小林秀雄はあの中で『一つのモーツァルト』、『彼のモーツァルト』を書いたのだ。……彼は『自分のモーツァルトを創るのに成功した』のである。そうして、多くの人々に、あれを読んで、そこにモーツァルトを感じ取った──『モーツァルトがここにいる』と思わせるのに成功した」(『之を楽しむ者に如かず』)。

小林が『モーツァルト』を執筆したのは、空襲警報の鳴る第二次大戦末期だった。終戦を迎え、その翌年、小林は最愛の母親を失った。「母上の霊に捧げる」という副題を持つ『モーツァルト』が刊行されたのは、その翌年である。

「モーツァルトのかなしさは疾走する。涙は追いつけない。涙の裡に玩弄するには美しすぎる。空の青さや海の匂いの様に、万葉の歌人が、その使用法を知っていた"かなし"という言葉の様にかなしい。こんなアレグロを書いた音楽家は、モーツァルトの後にも先にもない。まるで歌声の様に、低音部のない彼の短い生涯を駈け抜ける」(『モーツァルト』)。

小林の文章は、荒廃した人々の心に浸透し、戦後のモーツアルト・ブームを引き起こした。しかし、小林が実際に『モーツァルト』で取り上げた楽曲は、すべて短調系列の弦楽奏や交響曲に偏り、モーツアルトがまったく別の姿を見せる長調のピアノ協奏曲やオペラについては、ほとんど言及がない。小林の創作した「一つのモーツァルト」は、あくまで「走る悲しみ」に彩られなければならなかったのである。

小林秀雄作品の教科書・入試採用について

そのような「一面性」を考慮に入れたとしても、小林の文章は「名文」と

呼ばれ、数多くの高校の教科書に採用され、大学入試にも頻繁に出題された。その風潮に対して、小林の文章は「飛躍が多く、語の指し示す概念は曖昧で、論理の進行はしばしば乱れがちである。それは入試問題の出典となるには最も不適当だろう」(『桜もさよならも日本語』)と主張したのが、評論家の丸谷才一だった。

　皮肉なことに、その丸谷が亡くなった翌年の2013年、当時の大学センター試験の国語の長文問題に小林の『鍔』が出題された。この文章は、小林の『私の人生観』に収められた骨董に関するエッセイの一部で、日本刀の鍔がどのようなものかを知らない現代の受験生に対して、問題文には21もの脚注が付けられている。この問題のおかげで、この年の国語の平均点は、昨年度から17点も下回り、センター試験始まって以来の過去最低記録となったといわれている。

　なぜ膨大な数の小林の著作の中から、この特殊な作品が選ばれたのかは不明である。多くの高校教員から批判されているように、21もの脚注が必要とされる時点で、すでに「現代文」の出題として「不適当」だとみなされるのも当然かもしれない。もし小林が生きていたら、この問題を見て何と言ったか、想像してみるのもおもしろい。

　「あるとき、娘が、国語の試験問題を見せて、何だかちっともわからない文章だという。読んでみると、なるほど悪文である。こんなもの、意味がどうもこうもあるもんか、わかりませんと書いておけばいいのだ、と答えたら、娘は笑い出した。だって、この問題は、お父さんの本からとったんだって先生がおっしゃった、といった。へえ、そうかい、とあきれたが、ちかごろ、家で、われながら小言幸兵衛じみてきたと思っている矢先、おやじの面目まるつぶれである」(『国語という大河』)。

　小林秀雄の人生と作品については、拙著『小林秀雄の哲学』で詳細に分析した。基本的に私の専門は論理学だが、その対極に位置する天才たちにも非常に興味を持っているからである。小林の「非論理性」が「魅力」を生み出す点についても描いてあるので、ぜひご参照いただきたい。

非論理に陥った科学者

Scientists Falling into Illogicality

[科 学 者 と 論 理

　小林秀雄のような「文系」の評論家ではなく、「理系」の科学者の思考は論理的なはずであり、彼らが非論理的な信念を持つはずがないと思われるかもしれない。ところが、科学者の信念が正しくなかった事例は、過去、無数に存在する。

　たとえば、「熱力学第二法則」を発見し、古典物理学のあらゆる分野で600以上の論文を書いた物理学者ウイリアム・トムソン（爵位名「ケルヴィン卿」としても知られる）は、19世紀半ばに地球各地の地質を綿密に調査して、球体の冷却速度の法則から地球の年齢を4億年未満と推定した。同時に彼は、太陽の熱が重力の収縮によって生じると考え、その速度を計算したところ、太陽の年齢も5億年未満という結果だった。

　つまりトムソンは、地球と太陽という2つの異なる対象に「冷却速度」と「収縮速度」という2つの異なる物理法則を適用したところ、どちらも4〜5億年という結果だったため、「太陽系の年齢はどう考えても5億年未満」だと「自信たっぷり」に断定したわけである。

　実際には、トムソンが予想もしなかった地球内部のマントル対流による熱伝導速度や、太陽の核融合による放射線の崩壊熱を複合的に織り込んで計算した結果、現在では太陽系の年齢は約45億7000万年であろうと推測されている。

　ところがトムソンは、本来は複合的要因から導かなければならない結論を、

たった2つの法則から（しかもその推定値が偶然近かったため）断定してしまった。

　これこそが「知識人」であればあるほど陥りやすい罠である。要するにトムソンは、自分の持つ知識だけから結論を導くという「過信」に陥ってしまったのである。

　しかも、**いったん信じ込むと、むしろ知識人の方が自分の知性を総動員して自己の「妄信」を弁護しようとするため、さらに自分が間違っていることを自覚できなくなる。**

　オックスフォード大学の生物学者リチャード・ドーキンスによれば、そのトムソンが大問題を引き起こしてしまった。19世紀の科学界に大きな影響力を持つ著名なトムソンが、進化が生じるためには「地球は若過ぎる」ことを「証明」したと信じ込み、ダーウィンの進化論に猛攻撃を開始したからである。

　さらにトムソンは、レントゲン撮影は「トリック」であり、電波通信に未来はなく、空気より重い人工物体が飛行することは不可能だとも信じ込んでいた。

過信する科学者

　トムソンと同じ時期に活躍したジョンズ・ホプキンズ大学の天文学者サイモン・ニューカムは、「現在までに知られている物質、力学、物理力をどのように組み合わせても、人間が空中を長距離飛行するような機械を作ることは不可能である。この論証は、他のすべての物理学的事実の論証と同等に明らかである」と断定している。しかも彼は、それをライト兄弟が1903年に人類史上初めて飛行機で空を飛ぶ直前に発言したため、大失態を演じてしまった。

　ライト兄弟が偉業を成し遂げた後、ハーバード大学で天文台長を務めていた天文学者エドワード・ピッカリングは、飛行機の可能性は認めざるを得なかったものの、今度は、それが実用化されるようなことはないと断言した。

　彼は、次のように述べている。「一般大衆は、多数の乗客を乗せた、現代

の蒸気船のような乗り物が、空を飛ぶようになると想像するかもしれない。しかも彼らは、その巨大な飛行機が、すばらしいスピードで大西洋を横断すると空想している。しかし、これはまったくの夢と断言して差し支えないだろう。仮に1人か2人の乗客を運ぶことができたとしても、その費用は莫大なものになるからだ」

ピッカリングは「専門家」としての緻密な計算を行った結果、飛行機は空気抵抗の影響により、彼の時代の「特急電車のスピード」さえも超えられないことを「証明」している。もし彼が最大座席数800席超でも数時間で大西洋を横断する現代のエアバスを見たら、何と言うだろうか。

各々の分野で偉大な科学的成果を挙げた彼らが、これほど誤った信念を抱くようになったのも、彼らが自分の専門分野での成功から「過信」に陥った結果に他ならない。

人を騙すプロフェッショナルとして、手品師を考えてみよう。50年以上も手品を趣味にしているサイエンス・ライターのマーチン・ガードナーは、「実際には、手品師が最も騙しやすいのは科学者だ」と述べている。

「なぜなら、科学者の実験室では、何もかもが見たままの世界だからだ。そこには、隠された鏡や秘密の戸棚、仕込まれた磁石も存在しない。助手が化学薬品Aをビーカーに注ぐとき、こっそり別の薬品Bを代わりに入れることはない。科学者は常に物事を合理的に考えようとする。それまでずっと合理的な世界ばかりを体験してきたからだ。ところが、手品の方法は非合理的で、科学者がまったく体験したことがない種類のものなのだ」

手品師は「ハートのエース」を観客に見せて、裏返しにする瞬間に別のカードにすり替えておきながら、「これはハートのエースでしたね」と平気で嘘をつく。何も隠していないように手の平を広げて見せながら、手の甲には物を隠している。要するに、あらゆる手段を尽くして観客を騙すことが、手品の目的なのである。

デビッド・カッパーフィールドのような天才的な手品師になると、この「嘘」を芸術の域にまで高めて、「自由の女神」を消したり、壁を通り抜けたり、空中を浮遊してみせる。これらの現象は完全に自然法則に反しているわ

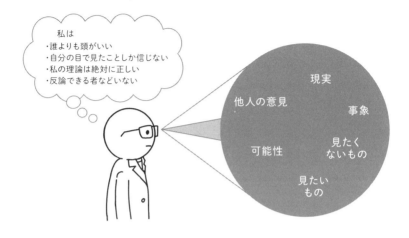

けだから、自然法則の専門家である科学者が、このような手品に騙されるはずはなさそうだが、ガードナーによれば、むしろ逆なのである。

あの理性的な名探偵シャーロック・ホームズを生み出した作家コナン・ドイルでさえ、愛する長男の死をきっかけにオカルトに没頭し、財産の大部分を騙し取られてしまった。**著名な財界人や文化人、高学歴なノーベル賞受賞者や科学者でさえ、オカルトにハマる最大の理由は、彼らが自分の専門分野で大成功したからこそ「過信」に陥った結果に他ならない。**

1980年代から2000年にかけて、日本で一連の凶悪犯罪を引き起こしたカルト教団「オウム真理教」は、「超能力を獲得できる」というオカルトを宣伝して、多数の信者を獲得した。

この種の宣伝に踊らされて、社会的地位の高い人々や、偏差値の高い大学・大学院の卒業生このカルト教団に入信していたことは、後に世間を大いに驚かせた。

なぜこんな現象が起きてしまったのか、拙著『反オカルト論』に詳細を説明してあるので、ご参照いただきたい。

ノーベル病

Nobel Disease

ノーベル賞受賞者の過信

　この種の「過信」は、ノーベル賞受賞者にも見られる。エモリー大学の心理学者スコット・リリエンフェルドは、**ノーベル賞受賞者が「万能感」を抱くことによって、専門外で奇妙な発言をするようになる症状を「ノーベル病」**と呼んでいる。

　リリエンフェルドが「ノーベル病」の代表的な罹患者だと指摘しているのが、超伝導体の「ジョセフソン効果」の発見により1973年のノーベル物理学賞を受賞したケンブリッジ大学の物理学者ブライアン・ジョセフソンである。

　当時33歳のジョセフソンは、ノーベル物理学賞を受賞することによってケンブリッジ大学教授に就任し、社会的に「超一流の科学者」として認められるようになった。

　そこで大きな自信を得た彼は、多くの正統な科学者から学問として認められていない「超心理学」を「妄信」し、堂々と奇妙なことを主張するようになった。

　1974年春、フランスのヴェルサイユ宮殿で、物理学者と生物学者が合同で開催する「生物物理学」国際学会が開催された。この会議を主催したパリ第6大学教授の生物物理学者アンリ・アトランは、ジョセフソンの講演途中に大騒ぎが起きた様子を記している。

　登壇したジョセフソンは、これから講演する内容の参考文献を黒板に書い

た。それが、紀元前5世紀から紀元前2世紀に纏められたヒンドゥー教の聖典『バガヴァッド・ギーター』とマハリシ・ヨーギの著書『超越瞑想と悟り：永遠の真理の書「バガヴァッド・ギーター」への注釈』だったので、聴衆の科学者たちは驚愕した。

次にジョセフソンは、彼自身がヨーギの唱える「超越瞑想」を実践して到達した特別な意識状態について、事細かに語り始めた。次第にイライラし始めた科学者たちを代表して、ある物理学者が「我々は、君のおかしな妄信の話を聴きに来たのではない。ここが科学者の集まる学会であることに、君はもっと敬意を払うべきだ。この学会で話し合うのは、誰もが研究室で再現できる現象についてであって、君が心の中で何を意識したのかではない」と彼に向かって叫んだ。

するとジョセフソンは、「あなたたちも『超越瞑想』を実践すれば、私とまったく同じ境地に到達できます。その意味で『超越瞑想』には科学的な再現性があるのです」と言い返した。それに対して、多数の科学者が口々にジョセフソンに反論を言い始めたため、事態は紛糾し、結果的に彼の講演は中断されて終わった。

当時、「超越瞑想」を推進する団体が作成したポスターには、ノーベル賞受賞者ジョセフソンが、床から数インチ浮いて「空中浮揚」する姿が合成されていた。このポスターを見て、「超越瞑想」を極めれば「空中浮揚」ができると信じてこの団体に加入した若者も多い。

1980年代から90年代半ばにかけて、日本で一連の凶悪犯罪を引き起こしたカルト教団「オウム真理教」も、これと類似した「超能力を獲得できる」という宣伝方法で、社会的地位の高い人々や、偏差値の高い大学・大学院の卒業や卒業生を入信させた。

ノーベル賞受賞者は非常に大きな社会的影響力を持っているため、場合によっては、結果的にさまざまな分野で恐ろしいほどの害悪を社会にもたらしてしまう可能性がある点に注意が必要だろう。

自分の頭で「考える」こと

　量子化学を創始したライナス・ポーリングは、その業績により1954年のノーベル化学賞を受賞した。

　第2次世界大戦中、ロスアラモス国立研究所所長のロバート・オッペンハイマーは、原爆製造研究の化学部長としてポーリングを招聘しようとしたが、ポーリングは「自分は平和主義者だから」と言って断っている。

　戦後、ポーリングは公然と反戦を主張するようになり、1952年には合衆国国務省から「国外渡航禁止命令」が出て、パスポートを没収されてしまう。1954年に勃発したベトナム戦争にも猛反発して、全米各地の大学で世界平和の必要性を訴える講演活動を行った。

　1958年には、アメリカ科学アカデミーの会長として世界中の科学者1万1000名の署名を集めた「核実験停止の嘆願書」を国連事務総長に提出している。

　1963年8月5日、合衆国のジョン・F・ケネディ大統領とソ連のニキータ・フルシチョフ書記長が「大気圏・宇宙空間および水中における核兵器実験を禁止する条約」に合意した。

　この条約が発効した10月、ノーベル委員会は「核兵器実験・軍備拡大・国際紛争の武力衝突に反対する活動を絶え間なく続けてきた」功績により、ポーリングに1962年度のノーベル平和賞を授与した。

　ノーベル化学賞とノーベル平和賞を受賞したポーリングは、実は遺伝子構造を解明する直前まで迫っていた。もし彼がDNAの二重らせん構造をジェームズ・ワトソンとフランシス・クリックよりも先に解明していたら、彼はノーベル医学生理学賞も受賞し、前代未聞のノーベル賞3賞受賞者になっていたかもしれない。

　そのDNA解明の競争相手だったワトソンが「世界中を探しても、ライナスのような人物は一人もいないだろう。彼の人間離れした頭脳と、周囲を明るくする笑顔は、まさに無敵だ」と褒めるくらい、ポーリングは人格的にも

優れた論理的思考も、たった1つの過信で非論理に

すばらしい人物だった。

ところが、そのポーリングが晩年になると、ビタミンCを大量摂取すると、風邪も癌も治るという奇妙な学説を主張し始めたのである。そもそも過剰に投与されたビタミンCは排泄される。しかも、ポーリングの学説は何度かの追試でもまったく確認されなかった。それにもかかわらず、彼は最愛の妻にビタミンC療法を施し、彼女の癌は完治せずに亡くなったのである。

ポーリングは、ノーベル平和賞授賞式のパーティで、世界中から集まった大学生に次のように述べている。

「立派な年長者の話を聞く際には、注意深く敬意を抱いて、その内容を理解することが大切です。ただし、その人の言うことを『信じて』はいけません！相手が白髪頭であろうと禿頭であろうと、あるいはノーベル賞受賞者であろうと、間違えることがあるのです。常に疑うことを忘れてはなりません。いつでも最も大事なことは、自分の頭で『考える』ことです」

このポーリングの発言には、「論理的思考」と「ロジカルコミュニケーション」に必要不可欠な3つの重要な要素が含まれている。それは、①妄信しないこと、②疑うこと、③自分の頭で考えることである。

さらに、このように発言したポーリング自身でさえ晩年には「過信」に陥ってしまったことを考えると、人間の本性には「非論理」に陥りやすい罠が潜んでいることを注意する必要があるだろう。

演繹と帰納

Deduction and Induction

「普遍」と「個別」

　そもそも人間の思考における「推論」の形式は、大きく2種類に分けられる。**「普遍」的な前提から「個別」的な結論を導く推論方法を「演繹法」と呼び、その逆に、「個別」的な前提から「普遍」的な結論を導く推論方法を「帰納法」と呼ぶ。**

　論理学や数学で用いられる公理系は、最初に「普遍」的に真と認められる公理を設定し、それらの公理に推論規則を適用して、新たに「個別」的な定理を導くように構成される。

　このような「演繹法」の特徴は、前提が真であれば結論も必然的に真であることで、古代ギリシャ時代のユークリッド幾何学に始まり、アリストテレスの論理学や中世のスコラ哲学において重視され、デカルトやスピノザに代表される「合理主義」に引き継がれた。彼らの哲学は、知識の根拠を「理性」に求める反面、形而上学的な思弁に終始する傾向が強かったとも言える。

　これに対して、とくにイギリスで発展したベーコンやホッブズに代表される「経験主義」は、知識の根拠を「経験」に求めることによって、外部世界を物理的に理解しようとする傾向にあった。近代科学の方法論を確立したベーコンは、何よりも多くの「個別」的事例を観察して、それらに共通する「普遍」的パターンを発見することによって、自然の一般法則を抽出すべきだと考えた。このような「帰納法」に対する暗黙の信頼が、現代科学の方法論にも引き継がれているわけである。

演繹法と帰納法の違い

演繹法

すべてのキノコは菌類である

菌類

すべてのエノキタケはキノコである

すべてのエノキタケは菌類である

演繹法は「すべてのキノコは菌類である」というキノコ一般の性質と「すべてのエノキタケはキノコである」という前提から、「すべてのエノキタケは菌類である」という個別のキノコの性質を導き出す。

前提が正しいとき、結論は必ず正しい。

帰納法

あるキノコは食べられる

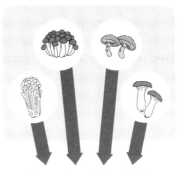

すべてのキノコは食べられる

食べられる

帰納法は「あるキノコは食べられる」という個別のキノコの性質から、「すべてのキノコは食べられる」というキノコ一般の性質を導き出す。

前提が正しくても、結論を誤ることがある（毒キノコの存在を忘れている）。

述語論理

Predicate Logic

命題論理と述語論理

　第2章で説明した「命題論理」（→77ページ）では、「すべての花は赤い」のように数量化された文の真偽を決定できない。というのは、この命題の否定を考えると、「すべての花は赤くない」（全部否定）と「ある花は赤くない」（部分否定）のように、2つの意味が生じるからである。

　この問題を解決するためには、命題の主語と述語に相当する部分にも踏み込み、数量化された命題を扱えるようにしなければならない。それが「述語論理」である。

　述語論理の論証の一例を挙げよう。

前提1	すべての鳥は飛ぶ。
前提2	ダチョウは鳥である。
結論	ゆえに、ダチョウは飛ぶ

妥当性と健全性

　この推論形式（MP、→116ページ）は妥当だが、前提1が偽であることは明らかだろう。一般に、①**推論形式が妥当であり、しかも**②**その推論のすべての前提が真であるとき、この推論を「健全」と呼ぶ**。したがって、上記の推論は「妥当」だが「健全」ではない。

推論形式の妥当性と健全性の考え方

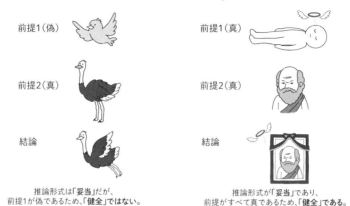

推論形式は「妥当」だが、前提1が偽であるため、「健全」ではない。

推論形式が「妥当」であり、前提がすべて真であるため、「健全」である。

次の推論は、推論形式（MP）が妥当であり、さらにすべての前提が真なので、健全である。

前提1	すべての人間は死ぬ。
前提2	ソクラテスは人間である。
結論	ゆえに、ソクラテスは死ぬ。

演繹法では、もし推論形式が妥当であり、すべての前提が公理から導かれて真であることが保証されていれば、推論も健全になる。その意味で、論理学や数学の体系は健全だといえる。

一方、帰納法では何が起こるのか。たとえば、キノコを考えてみよう。「エノキタケは食べられる」「シメジは食べられる」「シイタケは食べられる」という3つの前提から、「すべてのキノコは食べられる」を導くのが帰納法である。

ここで、エノキタケ、シメジ、シイタケをそれぞれa、b、cと表す。さらに「～は食べられる」をP(x)と表す。これらの記号を用いると、「エノキタケは食べられる」「シメジは食べられる」「シイタケは食べられる」は、それぞれP(a)、P(b)、P(c)と表現できる。

帰納法は、このように個々のキノコを列挙して、それらが「食べられる」ことから「すべてのキノコは食べられる」∀x(P(x))を導く論法である。

　さて、実はこの帰納法は、たった一つの「反例」によって論駁できる。「毒キノコ」をdと表す。「毒キノコは食べられない」から、¬P(d)が成立する。

　ここで導かれる結論「¬∀x(P(x))」は、「すべてのキノコを食べられるわけではない」という「部分否定」を表す。この命題は「あるキノコは食べられない」∃x¬(P(x))と同値である。

```
P(a)
P(b)
P(c)
─────
∀x(P(x))

P(a)
P(b)
P(c)
¬P(d)
─────
¬∀x(P(x))
```

　一般に、「すべてのxに対してP(x)である」を「全称命題∀x(P(x))」、「あるxに対してP(x)である」を「存在命題∃x(P(x))」と呼ぶ。

　上記の例で示したように、全称命題の否定は「部分否定」となる。ここで「すべてのxに対してP(x)というわけではない」は、「あるxに対してP(x)ではない」と同値である。この関係を記号で表すと、次のようになる。

$$\neg \forall x(P(x)) \Leftrightarrow \exists x \neg (P(x))$$

　一方、存在命題の否定は「全部否定」となる。ここで「P(x)であるようなxはない」は、「すべてのxに対してP(x)ではない」と同値である。この関係を記号で表すと、次のようになる。

$$\exists x \neg (P(x)) \Leftrightarrow \forall x \neg (P(x))$$

　それでは、「演繹法」を考えてみよう。「〜はキノコである」をQ(x)、「〜は菌類である」をR(x)と表現すると、次のような推論が成立する。

前提1	すべてのキノコは菌類である。
前提2	すべてのエノキタケはキノコである。
結論	ゆえに、すべてのエノキタケは菌類である

この推論を記号で表すと、次のようになる。

$$\frac{\forall x(Q(x) \Rightarrow R(x))}{Q(a)}$$
$$\overline{R(a)}$$

　この推論の証明過程では、「∀x(Q(x)⇒R(x))」が成立することから、「Q(a)⇒R(a)」を導く。つまり、「すべてのキノコは菌類である」ことから、とくにエノキタケについて「エノキタケがキノコならば、エノキタケは菌類である」を導く。そこから「R(a)」の「エノキタケは菌類である」を結論できるわけである。

「全肯定」の否定は「部分否定」、「部分肯定」の否定は「全否定」

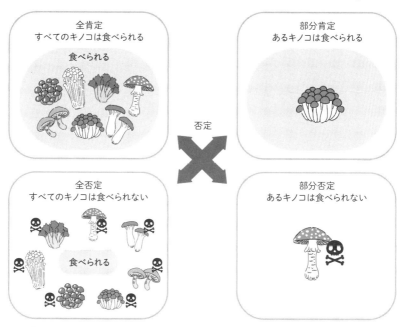

「すべてのキノコが食べられる」(全肯定)の否定は「あるキノコは食べられない」(部分否定)に、「あるキノコは食べられる」(部分肯定)の否定は「すべてのキノコが食べられない(全否定)」になる。

一発帰納

One-shot Induction

ミシガン大学フットボール・チームの快進撃

　ミシガン大学大学院に留学していた頃、現代グラフ理論の創始者の1人として知られるフランク・ハラリー教授のセミナーに出席していた。先生は、ミシガン大学フットボール・チームの熱狂的なファンとしても知られる。

　さて、そのハラリー教授が65歳で退官される最後の秋学期、ミシガン大学フットボール・チームは、ビッグ・テン・カンファレンスを順調に勝ち進んでいた。ウィスコンシン大学に勝ち、ミシガン州立大学に勝ち、インディアナ大学に勝ち、ノースウエスタン大学に勝ちといった具合で、いつになったら負けるのか誰も見当が付かないほどだった。

　毎週の授業で、ハラリー教授は教壇の前に立つと、スクール・カラーでミシガンを応援するために"Go Blue !"と絶叫する。そしてクラス全体を睨むように見渡して、出席者全員が一緒に唱和するまで、この絶叫を繰り返して止めない。

　不謹慎ながら、高齢の痩身で、両手を挙げて飛び跳ねている姿を見て、もしかすると常軌を逸しているのではないかと思うことが何度もあったが、数学の授業を始めると突然表情が正常に戻るので、胸を撫で下ろした覚えがある。

　いずれにしても、先生の応援の甲斐があったのか、その年のミシガン大学はなんと一度も負けずに全勝してカンファレンスで優勝し、さらに正月恒例のローズボウルでも優勝して、全米トップの栄冠を手にしたのである！

ここで「ミシガン大学が勝つ」をM(x)、対戦相手の大学をa、b、c……と表すと、その年に限っては、次の帰納法が成立してしまったのである！

$$\frac{M(a) \\ M(b) \\ M(c) \\ \cdot \\ \cdot \\ \cdot \\ M(i)}{\forall x(M(x))}$$

おもしろいことに、**ハラリー教授の口癖は「帰納法」とは正反対にそれを揶揄する「一発帰納（one-shot induction）」だった。**

電気回路や鉄道路線図のデータ構造を理論化する現代グラフ理論は、数学のなかでもとくに応用範囲が広いことから、新たな「法則」を発見したという報告が後を絶たない。実際に、数えきれないほどの合致例が見つかり、他の法則との整合性も十分満たしているにもかかわらず、厳密に証明されていないような「法則」が多いのである。

当時は、「任意の地図を塗り分けるためには4色で必要十分である」という「四色問題」が、イリノイ大学チームの膨大なコンピュータ処理によって解決されたばかりだったが、これを数学的な「証明」とみなすか否かについても意見が分かれていた。

もちろん、このように解決できる例は稀で、むしろ、それ以前の段階で反例が発見され、予想された「法則」そのものが成立しないことが明らかにされることも多い。するとハラリー教授は、「一発帰納。この予想もゴミ箱行きだ」と、実にうれしそうに紹介するのである。

「一発帰納」を記号化すると、次のようになる。

$$\frac{P(a) \rightarrow Q(a)}{\forall x(P(x) \rightarrow Q(x))}$$

これは数学に限った話ではなく、日常生活でも非常に多く見られる論理的な誤謬である。ここで「〜はバナナ・ダイエットをする」をP(x)、「〜は痩せた」をQ(x)、「花子」をaと表すと、一発帰納の推論は次のようになる。

> 花子はバナナ・ダイエットをしたら痩せた。
> ─────────────────
> すべての人間はバナナ・ダイエットをすれば痩せる。

個別の事例から結論を導く一発帰納の危うさ

情報や主張が一発帰納かどうか確認してみよう。

要するに、たった1例の「個別」的な事例から「普遍」的な結論を導く推論形式が「一発帰納」である。

仮に太郎がある勉強法を実践したところ成績が伸びたとすると、その一つの成功例だけを根拠に「この勉強法を実践すれば誰でも成績が伸びる」と主張するのが「一発帰納」である。ダイエットや勉強法のように、成功例を引き合いに出されると説得力があるように映るが、実際には花子や太郎に当てはまったことが他者の場合にも成立するとは限らない。

美しいモデルが「私も使っています」と化粧品の宣伝をするのも、数億円の預金通帳を見せながら「これで株に勝ちました」と投資方法を宣伝するのも、「一発帰納」である。これらの一例が万人に通用するわけでないのは、落ち着いて考えてみれば明らかだろう。

ある国会議員が汚職で逮捕されたとして、そこから「国会議員は誰でも汚職まみれだ」と普遍化できない。とくに**「男はみんな〜」や「女は誰でも〜」のように主語の範囲が広い普遍化は、すべて非論理的といえる。**

一般に「日本人は勤勉である」という命題は、述語論理では「すべての日本人は勤勉である」を意味する。したがって、たった1人でも「勤勉でない日本人」が存在すれば、この命題は偽になる。

このように考えると、**「日本人」や「アメリカ人」や「中国人」のように膨大な数の人々の集団全体を主語にする命題は、最初から論理的に成立しない**ことがわかるだろう。

科学と帰納法

Science and Induction

帰納法の循環論法

　さて、ここまで帰納法は妥当でない推論であることを解説してきたが、実は人類の到達した**「科学」の正当性を論理的に考えると「帰納法の循環論法」に陥ってしまう**ことを紹介しよう。

　一般に「科学」とは、自然を観察して普遍的な自然法則を導き出す営みである。たとえば、「ペンを手から放せば地上に落下する」「バナナを手から放せば地上に落下する」……「リンゴを手から放せば地上に落下する」という数えきれない観察結果から、万有引力の法則が導き出された。

　ここで「なぜ万有引力の法則が成立するのか」と問えば、「なぜなら万有引力の法則はこれまで何度も観察によって確かめられてきており、矛盾した反例が得られていないから」である。つまり、これまでずっと成立してきたから、これからもずっと成立するだろうという「帰納法」に基づいて、さまざまな自然法則が導かれてきたわけである。

　それでは、帰納法は絶対に正しいといえるのだろうか？　たとえば、昨日まで成立してきた自然法則が、今日になって突然成立しなくなる可能性はないのだろうか？

自然の斉一性原理

　この疑問に対する答えの一つが**「自然は同じ状況では常に同じように振る**

舞う」という「自然の斉一性原理」である。この原理を仮定すると、昨日とまったく同じ条件で今日リンゴを落とせば、今日もまったく同じ動きをするはずである。

　地球は太陽の周囲を公転し、月は地球の周囲を公転する。これらの法則は10年後であろうと100年後であろうと同じように継続するとみなして軌道計算することによって、天文学者は何年後の何月何日何時何分に、地球上のど

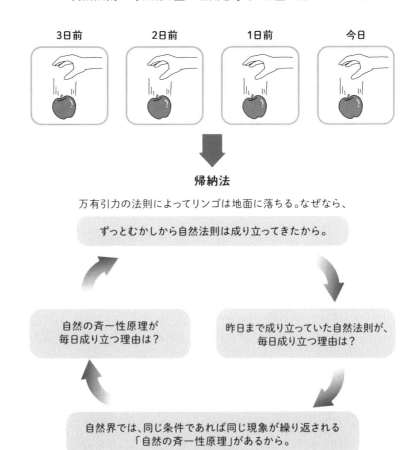

自然法則が毎日成り立つ理由を考えると堂々巡りしてしまう

こで日食や月食を観測できるか予測する。つまり、天文学者の予測は「自然の斉一性原理」に基づいているわけである。

それでは、なぜ「自然の斉一性原理」は今日も明日もその先も成立するといえるのだろうか？ この疑問に対する答えの一つが「自然の斉一性原理は、これまでずっと成立してきたから」である。

しかし、この推論は、帰納法そのものである！ つまり、**自然法則の「帰納法」が成立するのは「自然の斉一性原理」が成立するからであり、「自然の斉一性原理」が成立するのは「帰納法」が成立するからでありと、理由付けが循環してしまっている。いわば「帰納法」を用いて「帰納法」を正当化しているわけで、この論法は論理的にはとても認められない。**

20世紀に飛躍的な進歩を遂げた科学は、自然現象を正確に予測し、社会的にも大きな成功を収めてきた。いくら論理的に循環論法が認められないとしても、科学技術の恩恵を日々受けていることに間違いはないだろう。

一見すると当然のように映る「科学の正当性」をどのように正当化すればよいのか、という問題は、今も科学哲学の重要な未解決問題である。

一方、そもそも人間はこの「不条理」な世界に「投げ出された」存在であり、「科学の正当性」のようなもの自体が一種の「幻想」にすぎないとみなす実存主義的な見解もある。この周辺の議論は非常に興味深いので、拙著『感性の限界』をご参照いただきたい。

反証主義

Falsificationism

帰納法に代わる「反証主義」

　ロンドン大学の哲学者カール・ポパーは、テストによって「反証」される危険性のある予測こそが「科学的」な仮説であり、何でもうまく説明できるような理論は、実は「科学的」でないと述べている。

　実例を挙げよう。たとえば、占い師があなたに「今日は最高にラッキーな一日です」と告げたとしよう。

　ところが、その日は朝から大雨で、あなたのスーツはずぶ濡れになり、風邪をひいて熱と咳がでてきて、仕事中にはミスを連発して上司に怒鳴られ、夜のデートに遅れたことから彼女と大喧嘩になり、帰り道には走行中の自転車にぶつけられて腕を骨折したとする。

　あまりにも不運が連鎖したため、あなたは占い師に「占いは大外れじゃないか」と言った。ところが、その占い師は「いえいえ、私の占いは大当たりでした」と答えた。なぜなら、あなたがラッキーだからこそ、肺炎ではなく風邪で済んだのであり、大事故にならずに腕の骨折で済んだ。つまり、あなたの数々の災難は「不幸中の幸いだった」と主張できるわけである。

　それでは、もし自転車ではなく自動車にぶつけられて重傷になっていたら、占い師は何と言うだろうか？　おそらく、その占い師は「死亡するよりはラッキーでしたね」と答えるだろう。それでは、もし大事故で死んでいたら、どうなるか？　あくまで自己弁護に終始する占い師だったら「死亡してラッキーでしたね。生きていたら、もっと苦しんだはずです」とでも答える

かもしれない。

要するに、**占い師は、実際のあなたの一日がどんな結果に終わろうと、あくまで「今日は最高にラッキーな一日です」という占いが「当たった」と言い張ることができる。**この占い師のような発言を「反証不可能」と呼ぶ。

論理実証主義

論理実証主義者は「実証可能でなければ有意味でない」と唱えたが、ポパーは「反証可能でなければ科学でない」と唱えた。

ポパー自身が挙げている実例は、20世紀初頭の心理学界で主流だった「ジンクムント・フロイトの精神分析」と「アルフレッド・アドラーの個人心理学」という2つの学派である。

当時大学生だったポパーが疑問に思ったのは、これらの2つの学派が、まったく同じ事件に対して、まったく異なる解釈を示していることだった。

たとえば、子どもを溺死させようとして湖に子どもを投げ込んだ男の事件について、フロイト理論によれば、男は潜在意識下の抑圧に苦しんでいるのであり、アドラー理論によれば、男は劣等感情から解放されるために犯罪さえも行いうる自己を実現していることになる。

また、子どもを救おうとして自らの命を犠牲にした男の事件について、フロイト理論によれば、男は潜在意識下の抑圧を昇華していることになり、アドラー理論によれば、男は劣等感情から解放されるために救助活動さえも行いうる自己を実現していることになる。

このように、2つの理論は同じ

事件に異なる解釈を与えているにもかかわらず、いかなる事件も都合よく自己理論の合致例とみなしていることが問題なのである。

フロイト理論とアドラー理論は、どんな人間行動であっても自己理論に基づいて説明できるわけだから、その意味では、何が起ころうと「当たった」と言い張る占い師と似た論法を用いていることになる。

逆に言えば、**フロイト理論やアドラー理論に矛盾する人間行動など想定できないため、これらの理論は「反証不可能」といえる。**

もっとも、ポパーは、フロイト理論とアドラー理論を「無意味」と切り捨てているわけではない。これらの理論は「きわめて興味深い心理学的示唆を含んではいるが、テスト可能な形をとっていない」ため、科学とは呼べない「疑似科学」にすぎないと述べているわけである。

逆に、ポパーが「反証可能」な科学理論として挙げたのが、アインシュタインの一般相対性理論である。

アインシュタインは、一般相対性理論の重力場方程式により、太陽の重力によって空間に歪みが生じることから、太陽の近傍で観測される恒星の位置がずれて見えるに違いないと予測した。

そして、1919年、当時ドイツと敵対関係にあったイギリスの天文学者アーサー・エディントンが南半球で起きた皆既日食中の恒星の位置を観測し、それが見事にアインシュタインの予測どおり「1.75秒角」ずれていることを確認した。

ここで重要なのは、アインシュタインの予測は、観測によって覆されるリスクがあったということである。つまり、仮にエディントンの観測結果がアインシュタインの予測どおりでなければ、アインシュタインの理論は反証されていたはずである。

ポパーは、このように反証可能な予測を生み出す理論こそが科学的であり、リスクがなく「後だしジャンケン」のように何でも説明できるような理論は、科学ではないと考えたわけである。

科学者は、自己理論を反証するだけのリスクを背負った予測を生み出さなければならないのである！

おわりに

「ロジカルコミュニケーション」の重要性

　すでに述べたように、現代の日本では、残念ながら「ロジカルコミュニケーション」の対極に位置する「相手を黙らせるコミュニケーション」が主流になっている。
　選挙で選ばれ、日本の舵取りを任されているはずの政治家の国会答弁を視聴してみても、意図的に論点をすりかえるという、他国の議会ではあまり類を見ない非論理的で奇妙な風習が繰り返されている。
　彼らの多くは、とにかく時間稼ぎをすることが目的で、意味不明な弁解を続け、質問に正面から答えない。不祥事が起きても、責任を取らず、謝りもしない。国会の質疑応答全体が、もはやコントのように映る。
　その背景にある要因の一つとして、ネットの発達がもたらした「情報過多」を挙げることができるだろう。流れてくる情報があまりに多いため、その場でうやむやにしておけば、次から次へと新たな出来事が生じて、国民は忘れてしまう。情報に流されて、自分の頭で考えなくなるわけである。これは、種々雑多な不祥事を洗い流してしまいたい為政者にとって、非常に都合のよい状況といえるだろう。

「発信」するときに「ロジカルコミュニケーション」が始まる！

　それでは、どうすればよいのか。逆説的だが、ネットの発達は、誰でも何でも発信できるという利点をもたらしている。自分の周囲や世の中の何かが「非論理的」「不合理」「アンフェア」だと思ったら、ネットの記事にコメントするなり、自分でブログ記事を書くなり、短い文章でもポストするなり、

とにかく発信すべきである。

　何かを責任持って発信しようとするときにこそ、人は自分の主張を熟考し、論理的になる。そこから一人一人の小さな声が大きな声に変わり、ロジカルコミュニケーションが始まるはずである。

連載について

　最後になったが、本書の内容は、2023年4月〜2024年7月に「ロジカルコミュニケーション入門：はじめての論理的思考」としてウエブ「NHK出版：本がひらく」［全15回］に連載した内容に加筆修正を加えたものである。
　連載の編集を担当してくださったNHK出版新書・NHKブックス編集長の山北健司氏に厚くお礼を申し上げたい。本書への転載を快諾してくださった点も含めて、改めて、NHK出版の関係者各位に謝意を表明したい。
　連載を書籍化する件については、ありがたいことに数社からお話を頂戴したが、諸般の事情により、フォレスト出版から発行していただくことになった。編集を担当してくださった石黒洋記氏に深く感謝したい。
　國學院大學の同僚諸兄、ゼミの学生諸君、情報文化研究所のメンバー諸氏には、さまざまな視点からヒントや激励をいただいた。それに、家族と友人のサポートがなければ、本書は完成しなかった。助けてくださった皆様に、心からお礼を申し上げたい。

　　　2025年2月23日

　　　　　　　　　　　　　　　　　　　　　　　　　　　　高橋昌一郎

参考文献

本書の性質上、本文中に詳細な出典の注は付けなかったが、本書で用いた事実情報は、原則的に以下の文献から得たものである。また、本書で引用した文章は、用語等を統一するため、すべて原文から直訳してある。なお、本書と拙著に重複部分があることをお断りしておきたい。

- David Barash, The Survival Game, Holt, 2003.［デイヴィッド・バラシュ（著）／桃井緑美子（訳）『ゲーム理論の愉しみ方』河出書房新社、2005年。］
- Richard Dawkins, "Science, Delusion, and the Appetite for Wonder," Skeptical Inquirer: 22 (1998), pp. 28-33.［リチャード・ドーキンス／髙橋昌一郎（監訳）／関口智子（訳）「科学と未知への扉」Journal of the Japan Skeptics, Vol. 8, pp. 25-33, 1998.］
- Richard Dawkins, The God Delusion, Houghton Mifflin, 2006.［リチャード・ドーキンス（著）／垂水雄二（訳）『神は妄想である』早川書房、2007年。］
- Arthur Conan Doyle, The Sherlock Holmes Collection, Sharp, 2023.
- Kurt Gödel, Kurt Gödel Collected Works, 5 Vols., edited by Solomon Feferman, et al., Oxford University Press, 1986-2004.
- Edward Hall, The Silent Language, Anchor, 1959.［エドワード・ホール（著）／國弘正雄（訳）『沈黙のことば』南雲堂、1966年。］
- Edward Hall, The Hidden Dimension, Anchor, 1966.［エドワード・ホール（著）／日高敏隆／佐藤信行（訳）『かくれた次元沈』みすず書房、1970年。］
- Edward Hall, Beyond Culture, Doubleday, 1976.［エドワード・ホール（著）／岩田慶治／谷泰（訳）『文化を超えて』阪急コミュニケーションズ、1993年。］
- Howard Kahane, Logic and Philosophy, Hackett, 1986.
- Daniel Kahneman, Nobel Prize Lecture: Maps of Bounded Rationality and Autobiography, Nobel Foundation, 2002.［ダニエル・カーネマン（著）／友野典男（監訳）／山内あゆ子（訳）『ダニエル・カーネマン心理と経済を語る』楽工社, 2011年。］
- 小林秀雄『小林秀雄全作品』新潮社、全28巻・別巻2巻、2002年〜2005年。
- 小林秀雄「『文学の雑感』質疑応答」『新潮：小林秀雄追悼記念号』新潮社、第80巻第5号、1983年。
- Paul Kurtz, The New Skepticism: Inquiry and Reliable Knowledge, Prometheus Books, 1992.
- Benjamin Libet, Mind Time, Harvard University Press, 2004.［ベンジャミン・リベット（著）／下条信輔（訳）『マインド・タイム』岩波書店、2005年。］
- Scott Lilienfeld, Candice Basterfield, Shawna Bowes and Thomas Costello, "The Nobel Disease: When Intelligence Fails To Protect Against Irrationality," Skeptical Inquirer: 44-3, 2020.［スコット・リリエンフェルド／キャンディス・バスターフィールド／ショウナ・ボウズ／トーマス・コステロ（著）／髙橋昌一郎（監訳）／阿部夏由美（訳）「ノーベル病：知性が不合理に陥る病」Journal of the Japan Skeptics: 29, 4-10, 2020.］
- David Linden, The Accidental Mind, Harvard University Press, 2007.［デイビッド・リンデン（著）／

夏目大（訳）『つぎはぎだらけの脳と心』インターシフト、2009年。]

- David Messick and Christel Rutte, "The Provision of Public Goods by Experts: The Groningen Study," in Social Dilemmas, edited by Wim Liebrand, David Messick and Henk Wilke, Oxford University Press, 1992,
- George Pólya, How to Solve It, Princeton University Press, 2004.［ジョージ・ポリア（著）／柿内賢信（訳）『いかにして問題をとくか』丸善、1975年。]
- George Pólya, Mathematics and Plausible Reasoning, Princeton University Press, 2 Vols., 1954.［ジョージ・ポリア（著）／柴垣和三雄（訳）『数学における発見はいかになされるか：帰納と類比』、丸善、1959年。ジョージ・ポリア（著）／柴垣和三雄（訳）『数学における発見はいかになされるか：発見的推論──そのパターン』、丸善、1981年。]
- George Pólya, Mathematical Discovery, 2 Vols., Wiley, 1962.［ジョージ・ポリア（著）／柴垣和三雄（訳）／金山靖夫（訳）『数学の問題の発見的解き方』、全2巻、みすず書房、1964-1967年。]
- Karl Popper, Conjectures and Refutations, Routledge, 1963.［カール・ポパー（著）／藤本隆志（訳）／石垣壽郎（訳）／森博（訳）『推測と反駁』法政大学出版局、1980年。]
- Karl Popper, Objective Knowledge, Oxford University Press, 1972.［カール・ポパー（著）／森博（訳）『客観的知識』木鐸社、1974年。]
- Karl Popper, The Logic of Scientific Discovery, Hutchinson, 1959.［カール・ポパー（著）／大内義一（訳）／森博（訳）『科学的発見の論理』恒星社厚生閣、1972年。]
- William Poundstone, Prisoner's Dilemma, Doubleday, 1992.［ウィリアム・パウンドストーン（著）／松浦俊輔他（訳）『囚人のジレンマ』青土社、1995年。]
- Willard Quine, Word and Object, The MIT Press, 1960.［ウィラード・クワイン（著）／大出晁（訳）／宮館恵（訳）『ことばと対象』勁草書房、1984年。]
- Anatol Rapoport, Game Theory as a Theory of Conflict Resolution, Boston: Reidel, 1974.
- Bertrand Russell, A History of Western Philosophy and Its Connection with Political and Social Circumstances from the Earliest Times to the Present Day, Simon and Schuster, 1945.［バートランド・ラッセル（著）／市井三郎（訳）『西洋哲学史：古代より現代に至る政治的・社会的諸条件との問題における哲学史』みすず書房、1969年。]
- Carl Sagan, The Demon-Haunted World, Random House, 1996.［カール・セーガン（著）／青木薫（訳）『科学と悪霊を語る』新潮社、1997年。]
- Carl Sifakis, Hoaxes and Scams, Facts on File, 1993.［カール・シファキス（鶴田文訳）『詐欺とペテンの大百科』青土社、2001年。]
- Raymond Smullyan, 5000 B. C. And Other Philosophical Fantasies, St. Martin's Press, 1983.［レイモンド・スマリヤン（著）／高橋昌一郎（訳）『哲学ファンタジー』丸善、1995年。]
- Raymond Smullyan, Gödel's Incompleteness Theorems, Oxford University Press, 1992.［レイモンド・スマリヤン（著）／高橋昌一郎（監訳）／川辺治之（訳）／村上祐子（訳）『不完全性定理』丸善、2019年。]
- Raymond Smullyan, Logical Labyrinths, Oxford University Press, 2009.［レイモンド・スマリヤン（著）／高橋昌一郎（監訳）／川辺治之（訳）『記号論理学』丸善、2013年。レイモンド・スマリヤン（著）／高橋昌一郎（監訳）／村上祐子（訳）『数理論理学』丸善、2014年。]
- Raymond Smullyan, Some Interesting Memories, Thinker's Press, 2002.［レイモンド・スマリヤン（著）／高橋昌一郎（訳）『天才スマリヤンのパラドックス人生』講談社、2004年。]
- 高橋昌一郎『Modern Logic』Eishinsha、1992年。

- 高橋昌一郎『ゲーデルの哲学：不完全性定理と神の存在論』講談社（講談社現代新書）、1999年。
- 高橋昌一郎『科学哲学のすすめ』丸善、2002年。
- 高橋昌一郎『哲学ディベート：〈倫理〉を〈論理〉する』NHK出版（NHKブックス）、2007年。
- 高橋昌一郎『理性の限界：不可能性・不確定性・不完全性』講談社（講談社現代新書）、2008年。
- 高橋昌一郎『知性の限界：不可測性・不確実性・不可知性』講談社（講談社現代新書）、2010年。
- 高橋昌一郎『東大生の論理：「理性」をめぐる教室』筑摩書房（ちくま新書）、2010年。
- 高橋昌一郎『感性の限界：不合理性・不自由性・不条理性』講談社（講談社現代新書）、2012年。
- 高橋昌一郎『小林秀雄の哲学』朝日新聞出版（朝日新書）、2013年。
- 高橋昌一郎『ノイマン・ゲーデル・チューリング』筑摩書房（筑摩選書）、2014年。
- 高橋昌一郎『反オカルト論』光文社（光文社新書）、2016年。
- 高橋昌一郎『愛の論理学』KADOKAWA（角川新書）、2018年。
- 高橋昌一郎『自己分析論』光文社（光文社新書）、2020年。
- 高橋昌一郎『フォン・ノイマンの哲学――人間のフリをした悪魔』講談社（講談社現代新書）、2021年。
- 高橋昌一郎『20世紀論争史：現代思想の源泉』光文社（光文社新書）、2021年。
- 高橋昌一郎『実践・哲学ディベート：〈人生の選択〉を見極める』NHK出版（NHK出版新書）、2022年。
- 高橋昌一郎『新書100冊：視野を広げる読書』光文社（光文社新書）、2023年。
- 高橋昌一郎『天才の光と影』PHP研究所、2024年。
- 高橋昌一郎「論理学者・高橋昌一郎さんに聞く：『論理』見失った先のコロナ禍五輪」朝日新聞（朝刊文化欄）、2021年6月2日。
- 高橋昌一郎（監修）／三澤龍志（著）「みがこう！論理的思考力」『NEWTON』2020年9月号〜2021年2月号。
- 高橋昌一郎（監修）／山﨑紗紀子（著）『楽しみながら身につく論理的思考』ニュートンプレス、2022年。
- 高橋昌一郎（監修）／小谷善行（著）／山﨑紗紀子（著）『楽しみながら身につく論理的思考：事例編』ニュートンプレス、2023年。
- 高橋昌一郎（監修）『最強に面白いパラドックス』ニュートンプレス（ニュートン新書）、2023年。
- 高橋昌一郎（監修）／山﨑紗紀子（著）『ゼロからわかる論理的思考』、ニュートンプレス、2024年。
- 高橋昌一郎（監修）『思考の迷宮パラドックス』ニュートンプレス、2024年。
- 高橋昌一郎（監修）／山﨑紗紀子（著）／宮代こずゑ（著）／菊池由希子（著）『情報を正しく選択するための認知バイアス事典』フォレスト出版、2021年。
- 高橋昌一郎（監修）／米田紘康（著）／竹村祐亮（著）／石井慶子（著）『情報を正しく選択するための認知バイアス事典：行動経済学・統計学・情報学編』フォレスト出版、2022年。
- John von Neumann, Collected Works of John von Neumann, 6 Vols., edited by Abraham Taub, Pergamon, 1961-1963.
- John von Neumann and Oskar Morgenstern, Theory of Games and Economic Behavior, Princeton University Press, 2007.［ジョン・フォン・ノイマン（著）／オスカー・モルゲンシュテルン（著）／銀林浩（訳）／橋本和美（訳）／宮本敏雄（訳）／阿部修一（訳）／下島英忠（訳）『ゲームの理論と経済行

動』全3巻、筑摩書房（ちくま学芸文庫）、2009年。］
- Benjamin Whorf, Language, Thought, and Reality, The MIT Press, 1956.［ベンジャミン・ウォーフ（著）／池上嘉彦（訳）『言語・思考・現実』講談社（講談社学術文庫）、1993年。］

索引

凡例：この索引は「はじめに」「おわりに」「本文」に現れた、主な事項名や人名を見出し語にしています。ただし、原則として「目次」「図版」「参考文献」は除いています。なお、「各節見出し」については、その範囲のページ数を記しています（編集部作成）。

あ

- アイコンタクト……………… 63-65, 94
- 挨拶語……………………………… 139
- 愛の三角関係………… 20-22, 26, 29, 31
- アインシュタイン、アルベルト …… 58, 248
- 赤いニシン論法…………………… 61-62
- アクィナス、トマス ………… 164-165, 171
- アドラー、アルフレッド ………… 247-248
- アドラー理論……………………… 247-248
- アナロジー…………………………… 68
- ナンバンジーの―― ………… 178, 181
- アフガニスタン…………………… 47-48
- 安倍晋三…………………………… 45, 71
- アメリカ…………………………… 47-48
- 新たなプレゼント・ゲーム ………… 213-217
- アリストテレス… 8, 116, 120, 124, 134, 234
- アンセルムス…………………… 167-169
- 安定…………………………… 36, 203-204
- 鞍点……………………………………… 206
- いかにして問題をとくか……………… 66-68
- 意思疎通……………………… 16-17, 63
- 一発帰納………………………… 240-242
- インテリジェント・デザイン ……… 172-174
- ウィトゲンシュタイン、ルートヴィヒ … 103
- ウクライナ………………………… 47-48
- 宇宙論的証明………………… 164-165
- エディントン、アーサー ……………… 248
- 演繹と帰納……………………… 234-235
- 演繹法……………………… 234, 237-238
- 炎上……………………………………… 59
- オウム真理教…………………… 229, 231
- オッペンハイマー、ロバート ……… 147, 232
- お前だったら論法………………… 50-51
- お前だって論法………………… 47-49

か

- ガードナー、マーチン ……………… 228-229
- ガヴァガイ（gavagai） ………… 187-188
- ガウニロ…………………………… 168
- 科学と帰納法………………… 243-245
- 仮言三段論法……………………… 125-126
- 仮言三段論法肯定式…… →モダス・ポネンス
- 仮言三段論法否定式…… →モダス・トレンス
- 過信…………………… 228-230, 233

価値観······················· 38-39
　　――に依存し················ 38
　　――を見極める··········· 7, 28, 38, 42
葛藤························· 132
過程
　　――を重視··················· 39
　　「結論」ではなく「――」········· 35, 56
株式コンサルタントの詐欺········· 82-84
加法······················· 128
神の存在証明··················· 163
カンガルー····················· 187
感情
　　――に直結する··············· 223
　　――的···················· 46, 176
　　――用語····················· 51
　　劣等――··················· 247
感情に訴える論法··················· 54
完全真理表··················· 113-114
完全数の未解決問題··············· 157
カンタベリー··············· 167, 193-194
感嘆文····················· 75, 139, 178
カント，イマヌエル··············· 170
偽（false）····················· 75
記号論理学··············· 26, 102, 209
疑似科学····················· 248
帰納法··········· 234, 237-238, 241, 243-246
　　――の循環論法··············· 243
詭弁····················· 4, 120, 163
疑問文····················· 75, 139, 178
逆・裏・対偶··················· 106-108
逆説······················· 177, 221
　　――的····················· 222, 249
逆方向推論····················· 68
協調性····················· 16-17
協力ゲーム····················· 207
規律性························· 17

議論
　　賛否が――になる············· 34-35
　　主張そのものを――する···········
　　　52, 54, 55, 57, 59, 61
　　論点を――する··············· 43, 45
均衡····················· 36-37, 203
　　「鞍点」と呼ばれる――点が生じる····· 206
腐ったリンゴ仮説··············· 199-200
クワイン，ウィラード··············· 187-188
経団連························· 4, 17
傾聴力························ 16-17
ゲーデル，クルト······················
　　147, 150-159, 177-178, 180-181
ゲーデル数化··················· 156
ゲーデルの証明··············· 150-153
　　――の意味··············· 154-157
ゲーデルの不完全性定理··············· 147
ゲーデル命題··········· 153-154, 157, 178, 181
ゲーム理論··················· 206-207
結論（conclusion）··············· 116
　　「――」ではなく「過程」········· 35, 56
　　――を変更··················· 38-39
権威に訴える論法··············· 57-58
権威への隷属性················· 58
言語コミュニケーション················ 63
言語理解のパラドックス··········· 187-188
健全····················· 236-237
憲法改正························· 41
工学院大学··················· 185-186
後件肯定虚偽··············· 120-121, 124
恒真··························· 78-79
構成的ジレンマ··············· 131-132
ゴールドバッハ，クリスティアン······ 156
ゴールドバッハの予想··············· 157
國學院大學··············· 185-186, 250
個人的合理性················· 197, 205

256

個性……………………………………… 43-45
小林秀雄……………………………… 221-226
ご飯論法………………… →赤いニシン論法
コミュニケーション
　相手を黙らせる——………… 3, 39, 42, 249
　円滑な——……………………………… 4
　——に本質的な問題を抱えている……… 4
　知的で冷静な——……………………… 51
　不愉快な——…………………………… 3
コミュニケーション能力………… 4-7, 16-19

さ

『サイエンス』……………………………… 208
サイコロ…………………………………… 87
三角関係の組み合わせ………………… 31-33
三段論法(syllogism)…………………… 116
賛否両論……………………………… 40-41
　——が生じる……………………… 39, 42
　——の価値観…………………………… 7
　——の論点…………………………… 35, 38
　——を冷静に判断する………………… 35
自意識のパラドックス……………… 182-185
ジェスチャー……………………… 19, 65
時間感覚………………………………… 63
志願者のジレンマ…………… 196-198, 208
死刑制度……………………………… 34-35, 38
自己言及………………… 177-179, 181, 185
自己言及のパラドックス…………… 177-178
自己表現力…………………………… 16-17
自己分析………………………………… 28
指示の不可測性………………………… 188
自然言語…………………………… 103-104
自然数論………… 147, 150-151, 155-156, 159
自然淘汰…………………………… 172-173
自然の斉一性原理…………………… 243-245

『シャーロック・ホームズ最後の事件』… 193
社会言語能力…………………………… 18
社会的ジレンマ… 8, 197, 201, 203, 212, 217-218, 220
社会的ジレンマ国際学会…………… 218-220
主体性…………………………………… 4
衆人に訴える論法…………………… 52-53
囚人のジレンマ…………………… 201-202
集団的合理性…………………… 197, 205
柔軟性…………………………………… 17
述語論理…………………………… 236-239
順番………………………………… 113
状況の図式化…………………………… 26-28
情況把握力……………………………… 17
条件「もしPならばQ」(P⇒Q)……… 101-105
　十分——…………………………… 105, 109
　必要十分——……………………… 109-110
　必要——…………………………… 105, 109
乗法……………………………………… 130
証明可能性…………………… 151, 180-181
ジョセフソン, ブライアン ………… 230-231
白黒論法……………………………… 70-74
真(true)………………………………… 75
人格……………………………… 43-45, 94
進化論………………………… 172-173, 227
真偽…………………… 75-76, 159, 165
　——を決定できない…………… 178, 236
人工言語……………………………… 104
信仰に訴える論法…………………… 55-56
信念
　——に正直に………………… 182-183
　——に反して………………… 183, 186
真理性………………………… 151, 180-182
真理値……………… 88, 109-110, 112, 114, 139
真理の対応理論……… 76, 180, 182-183, 186
真理表(truth table)…………………… 88

257

スコラ哲学の父	168
ストレスコントロール力	17
すべての条件を満たす方法	29-30
スマリヤン, レイモンド	205
正常	151-153
絶対得票率	53
選言「PまたはQ」(P∨Q)	95-98, 100, 128
選言三段論法	127
前件否定虚偽	122-124
前提 (premise)	116
全能のパラドックス	162-163
相互言及のパラドックス	179-181
創造論者	172
ソクラテス	179-180, 237
素数	156-157
存在論的証明	166-170

た

ダーウィン	172, 227
第一原因	164-165
第1不完全性定理	153, 156
対象言語	180-181
対人論法	43-44
タイタニック号	60
第2不完全性定理	153, 156, 159
代表的ヒューリスティック	93-94
「宝くじ」は「ほとんど詐欺」	85-87
武田良太	62
多種多彩なアドバイス	22-25
タッカー, アルバート	201
妥当 (valid)	117
多変量ポリア分布	67
タルスキー, アルフレッド	180
単純化	129
談話能力	18

チキン・ゲーム	191-192
チャレンジ精神	4
超越瞑想	231
嘲笑	4, 39, 46, 54
直感	93-94
ディスカッション	6-7, 39, 217
ディベート	6-7
デカルト, ルネ	169-170, 234
ドイル, コナン	193-194, 229
同語反復	111
同値「Pのときに限ってQ」(P⇔Q)	99-100, 104-105, 109, 111, 238
ドーキンス, リチャード	172, 227
トートロジー	110-111, 112
ドーバー	193-194
トーン・ポリシング	45-46
トムソン, ウイリアム	226-227
ド・モルガンの法則	99-100, 107
ドル・オークション	189-190

な

ナイト・クラブとネイブ・クラブのパズル	148-150
ナイトとネイブのパズル1	136-137
ナイトとネイブのパズル2	138-139
ナイトとネイブのパズル3	140-141
ナイトとネイブのパズル4	142-143
ナイトとネイブのパズル5	144-146
ナッシュ均衡	203-205, 207
ナッシュ, ジョン	203-204, 207
ナンド	113
日常会話	75, 124, 139, 183
二分法	70-71, 74, 79-80, 83-84, 87, 222
——の詐欺	80-81, 84
日本経済団体連合会	→経団連

ニューカム, サイモン ……………… 227
二律背反…………………………… 177
認知的均衡理論…………………… 36
ノア ………………………………… 113
ノイマンの定理…………………… 206
ノイマン, フォン ……… 67-68, 147, 206-207
ノーベル化学賞…………………… 57, 232
ノーベル賞………………………… 57, 229-233
ノーベル病………………………… 230-233
ノーベル平和賞…………………… 57, 232-233

は

ハイダー, フリッツ ………………… 36-37
排反的選言「PまたはQ」(P∨Q) … 96-98, 113
背理法……………………………… 119, 168
排中律……………………………… 77-79, 110
発見的手法………………………… 68, 93
発信力……………………………… 16-17
罵倒………………………………… 4, 39, 44
パラドックス(paradox) …………… 162
ハラリー, フランク ………………… 240-245
バランス理論……………………… 36-37
反権威主義………………………… 222
反事実仮定………………………… 102
反証主義…………………………… 246-248
反証不可能………………………… 247-248
万有引力の法則…………………… 243
非協力ゲーム……………………… 207
非言語コミュニケーション……… 63-65, 94
ビタミンC ………………………… 57, 223
ピッカリング, エドワード ………… 227-228
否定「Pではない」(¬P) …………… 88-89
ヒューリスティック……………… 68, 93-94
評論家の論法……………………… 221-225
非論理……………………………… 233

――性 ……………………………… 225
――的 ……………… 35, 44, 226, 242, 249,
非論理に陥った科学者…………… 226-229
ヒンドゥー教……………………… 165, 231
――徒 …………………………… 165, 169
不安定……………………………… 204
フェミニスト……………………… 91-92, 94
不完全性定理のアナロジー……… 158-159
不均衡……………………………… 37
双子のパズル……………………… 184-186
二股………………………………… 24, 32, 97
2人ゼロサムゲーム ……………… 206
不等式……………………………… 27-28
不動点定理………………………… 206-207
プラトン…………………………… 179-180
フランクリン, ベンジャミン ……… 200
フルヴィッツ, アドルフ …………… 67
プレゼント・ゲーム ……………… 208-212
フロイト, ジンクムント …………… 247-248
フロイト理論……………………… 247-248
文法能力…………………………… 18
並行推論…………………………… 168, 170
ペイリー, ウィリアム ……………… 171
方略能力…………………………… 18
ポーリング, ライナス ……… 57, 232-233
ホール, エドワード ………………… 63
ボディランゲージ………………… 63
ポパー, カール …………………… 246-248
ホフスタッター, ダグラス ………… 205
ポリア, ジョージ ………………… 66-68
ポリア予想………………………… 67
ポリア列挙定理…………………… 67
ポリクロニック時間……………… 63
翻訳の不確定性…………………… 188

ま

- ミニマックス定理………………… 206
- 無限循環………………………… 194
- 無限循環のパラドックス………… 193-194
- 矛盾……………………………… 112
  - ――の証明………………… 134-135
  - 論理的―― ………………… 139
- 無矛盾…………………… 151-153, 156
  - ――性…………………… 151, 153, 159
- 命題……………………………… 75-76
  - 真の―― ……………… 75, 139, 150-151
  - 偽の―― ……………… 75, 128, 139, 150-151
  - 決定不可能―― ………………… 159
  - 「恒真」な―― ………………… 78
  - 証明可能な―― ………………… 150-151
  - 全称―― ……………………… 238
  - 存在―― ……………………… 238
  - 反証可能な―― ………………… 150-151
  - ――と――を結合させる……… 88
  - ――論理………… 77-78, 104, 169, 236
  - ――を組み合わせると………… 70, 78
  - ――を整理する………………… 74
- 命令文………………… 75, 139, 178
- メシック, ディヴィッド ……………… 219
- メタ言語………………………… 180-181
- 『モーツァルト』………………………… 224
- 目的論的証明……………………… 171-174
- モダス・トレンス ………… 118-120, 122, 124
- モダス・ポネンス …………………………
  - 116-117, 120, 124, 150-151, 154, 169, 236
- モノクロニック時間……………………… 63
- モルゲンシュテルン, オスカー ………… 206

や

- 山尾志桜里……………………………… 45
- 唯一神…………………………………… 163
- 吉田秀和……………………………… 224

ら

- ラッセル, バートランド ………………… 165
- ラパポート, アナトール ………… 204-205
- 両立的選言…………………… 96, 98
- リリエンフェルド, スコット ……………… 230
- リンダ問題……………………… 91-92
- リンデン, デイビッド …………………… 174
- 連言「PかつQ」(P∧Q)………… 90-94, 130
- ロシア………………………………… 47-48
- ロジカルコミュニケーション
  - 気持ちのよい――を行う……… 46
  - スムーズで建設的な――を行う……… 74
  - ――における最低限のマナー……… 44
  - 「論理的思考」に基づく「――」 ……… 38
- 論証（argument）………………… 116
- 論点
  - 新たな――の発見……………… 20, 34
  - ――が隠れている ………………… 39, 42
  - ――を整理………………………… 28, 38
- 論点のすりかえ………………………… 42-62
- 論破
  - 「はい、――！」………………… 4, 39
  - 「――」が真の意味で成立する……… 40
- 論理学
  - 筋道の通った言語の用法を規定する「――」 … 103
- 論理的結合子…………………… 88-114
- 論理的思考……………… 7-8, 20, 28, 34-35

わ

ワニのパズル……………………… 175-176
藁人形論法………………………… 59-60
「我思う、ゆえに我在り」……………… 169

ABC

Add ………………………… →加法
Biconditional ……………………… →同値
CD ……………………… →構成的ジレンマ
Conditional ……………………… →条件
Conj ………………………… →乗法
Conjunction ……………………… →連言
Contradiction …………………… →矛盾
Contrapositive ……………… →逆・裏・対偶
Converse …………………… →逆・裏・対偶
DeM ……………… →ド・モルガンの法則
Disjunction ……………………… →選言
DS ……………………… →選言三段論法
HS ……………………… →仮言三段論法
Inverse ……………………… →逆・裏・対偶
MP ……………………… →モダス・ポネンス
MT ……………………… →モダス・トレンス
nand ………………………… →ナンド
Negation ………………………… →否定
nor ………………………… →ノア
ordering ………………………… →順番
Simp ………………………… →単純化
Tautology …………………… →トートロジー

高橋昌一郎

國學院大學教授・情報文化研究所所長・Japan Skeptics 副会長。青山学院大学・お茶の水女子大学・上智大学・多摩大学・東京医療保健大学・東京女子大学・東京大学・日本大学・放送大学・山梨医科大学・立教大学にて兼任講師を歴任。ウエスタンミシガン大学数学科および哲学科卒業後、ミシガン大学大学院哲学研究科修了。東京大学研究生、テンプル大学専任講師、城西国際大学助教授を経て現職。

朝日カルチャーセンター・NHK文化センター・中日文化センター・ヒューマンアカデミーでも講座を担当。

専門は論理学・科学哲学。幅広い学問分野を知的探求！

著書は『理性の限界』『知性の限界』『感性の限界』『フォン・ノイマンの哲学』『ゲーデルの哲学』(以上、講談社現代新書)、『20世紀論争史』『自己分析論』『反オカルト論』『新書100冊』(以上、光文社新書)、『愛の論理学』(角川新書)、『東大生の論理』(ちくま新書)、『小林秀雄の哲学』(朝日新書)、『実践・哲学ディベート』(NHK出版新書)、『哲学ディベート』(NHKブックス)、『ノイマン・ゲーデル・チューリング』(筑摩選書)、『科学哲学のすすめ』(丸善)、『天才の光と影』(PHP研究所)など。

監修書は『記号論理学』『数理論理学』『不完全性定理』(以上、丸善)、『ゼロからわかる論理的思考』『思考の迷宮パラドックス』『ザ・ヒストリー科学大百科』『図鑑哲学』『合理性を捨てれば人生が楽になる』(以上、ニュートンプレス)、『認知バイアス事典』『認知バイアス事典:行動経済学・統計学・情報学編』(以上、フォレスト出版)など。

趣味はJazz・Wine・将棋四段。

わ

ワニのパズル……………………… 175-176
藁人形論法………………………… 59-60
「我思う、ゆえに我在り」………………… 169

ABC

Add	→加法
Biconditional	→同値
CD	→構成的ジレンマ
Conditional	→条件
Conj	→乗法
Conjunction	→連言
Contradiction	→矛盾
Contrapositive	→逆・裏・対偶
Converse	→逆・裏・対偶
DeM	→ド・モルガンの法則
Disjunction	→選言
DS	→選言三段論法
HS	→仮言三段論法
Inverse	→逆・裏・対偶
MP	→モダス・ポネンス
MT	→モダス・トレンス
nand	→ナンド
Negation	→否定
nor	→ノア
ordering	→順番
Simp	→単純化
Tautology	→トートロジ

高橋昌一郎

國學院大學教授・情報文化研究所所長・Japan Skeptics 副会長。青山学院大学・お茶の水女子大学・上智大学・多摩大学・東京医療保健大学・東京女子大学・東京大学・日本大学・放送大学・山梨医科大学・立教大学にて兼任講師を歴任。ウエスタンミシガン大学数学科および哲学科卒業後、ミシガン大学大学院哲学研究科修了。東京大学研究生、テンプル大学専任講師、城西国際大学助教授を経て現職。

朝日カルチャーセンター・NHK文化センター・中日文化センター・ヒューマンアカデミーでも講座を担当。

専門は論理学・科学哲学。幅広い学問分野を知的探求！

著書は『理性の限界』『知性の限界』『感性の限界』『フォン・ノイマンの哲学』『ゲーデルの哲学』(以上、講談社現代新書)、『20世紀論争史』『自己分析論』『反オカルト論』『新書100冊』(以上、光文社新書)、『愛の論理学』(角川新書)、『東大生の論理』(ちくま新書)、『小林秀雄の哲学』(朝日新書)、『実践・哲学ディベート』(NHK出版新書)、『哲学ディベート』(NHKブックス)、『ノイマン・ゲーデル・チューリング』(筑摩選書)、『科学哲学のすすめ』(丸善)、『天才の光と影』(PHP研究所)など。

監修書は『記号論理学』『数理論理学』『不完全性定理』(以上、丸善)、『ゼロからわかる論理的思考』『思考の迷宮パラドックス』『ザ・ヒストリー科学大百科』『図鑑哲学』『合理性を捨てれば人生が楽になる』(以上、ニュートンプレス)、『認知バイアス事典』『認知バイアス事典：行動経済学・統計学・情報学編』(以上、フォレスト出版)など。

趣味はJazz・Wine・将棋四段。

詭弁・暴言・論破に打ち勝つ
ロジカルコミュニケーション

2025年4月3日 初版発行

著　者	高橋昌一郎
発行者	太田宏
発行所	フォレスト出版株式会社
	〒162-0824
	東京都新宿区揚場町2-18白宝ビル7F
電　話	03-5229-5750（営業）
	03-5229-5757（編集）
URL	http://www.forestpub.co.jp
印刷・製本	萩原印刷株式会社

©Shoichiro Takahashi 2025
ISBN978-4-86680-318-0　Printed in Japan
乱丁・落丁本はお取り替えいたします。

高橋昌一郎監修の好評既刊

情報を正しく選択するための
認知バイアス事典

著者　情報文化研究所
監修者　高橋昌一郎

二分法の誤謬／ソリテス・パラドックス／ミュラー・リヤー錯視／ウサギとアヒル図形／単純接触効果／感情移入ギャップ …etc.
論理学・認知科学・社会心理学の3つの専門分野からのアプローチ。

定価 1,980 円⑩

情報を正しく選択するための
認知バイアス事典
行動経済学・統計学・情報学編

著者　情報文化研究所
監修者　高橋昌一郎

アンカリング／サンクコストの誤謬／平均による誤謬／アンスコムの数値例／利用可能性ヒューリスティック／生存者バイアス …etc.
行動経済学・統計学・情報学の3つの専門分野からのアプローチ。

定価 1,980 円⑩

そもそも「認知バイアス」って何？

なぜか人間に実装されている脳のバグとも言うべき「認知バイアス（cognitive bias）」。一般に「バイアス（bias）」とは、織り目に対して斜めに切った布の切れ端のことで、「かさ上げ・偏り・歪み」を指すようになった。そこから、偏見や先入観、固執断定や歪んだデータ、一方的な思い込みや誤解などを幅広く指す言葉として「認知バイアス」が使用されている。